新潮新書

太田和彦
OTA Kazuhiko

大人の居酒屋旅

JN030127

1036

新潮社

はじめに

年齢四十なかば頃から、居酒屋を訪ねて日本中を歩くようになった。

きっかけは雑誌「小説新潮」だ。一九九三年、私の居酒屋好きを知った編集者から「それを紀行で書いてみませんか、枚数は自由です」と提案され、ならばと二泊三日で大阪に行き「大阪でタコの湯気にのぼせる」を四十枚ほど書き、こんなに書いたんですかとあきれられたが無事掲載していただいた。

好評だったかその後単発で「松本の塩イカに望郷つのり」「青森のタラの白子は精がつく」を書き、一九九五年から「ニッポン居酒屋放浪記」として月一回の連載になって三年続き、「立志篇」「疾風篇」「望郷篇」の三部作として出版された。

それは常に発見に満ちた旅だった。

南北に長い日本列島は四方を海に囲まれ、面する海により魚がちがい、海べりの漁村、内陸の山村は生活の仕方もちがう。城下町、門前町、商家町では気質が異なり、とりわけ江戸期に確立した藩制はその地の気風を作り、今も県民性に残っている。

そのすべての地に居酒屋はあり、居酒屋ほど土地の風土、産物、気質、歴史、人情を反映している所はないと知った。すなわち居酒屋を書くには、店の中に居るだけではだめだと。

開店する夕方を待って、昼は町を歩く。日本はどこも同じになったと言われるが、駅前などからはずれた昔の商店街は往時の風情を残し、蕎麦は構えの古いここだな、コーヒーはあそこが良さそうだと見当をつけ、市場があれば必ず入り、夜の酒の肴の見当をつけ、名物はその場で宅配便で家に送り、帰ってからのお楽しみにする。

私の好きな建築ウォッチも欠かせない。好みは昭和初期のモダン建築で、会津、熊本、松江、盛岡、函館、松本などには名作が多い。

やがて次第に土地の文化に興味がうつり、郷土館や出身作家の個人美術館に入る。ひとり旅に時間はたっぷりあり、名作に偏りがちな東京の美術展や美術館とちがう、その地に根ざしてじっくり描いた郷土画家の作は、絵を見る楽しさをひろげた。

そうしていつの間にか私をひきつけていったのが、路傍に建つ碑文だ。

市長、軍人、地元の名士など郷土の偉人を顕彰する碑が多く、この町はこういう人を生んだのかと知る。明治期のものは謹厳な漢文で、句読点なしに旧漢字がえんえんと続くのをウンウンと読む。最後はおおむね建立者の名が肩書きつきで記され、よく見るのは「従一位大勲位功一級侯爵東郷平八郎」だ。こういう碑文は仮名交じり文でも句読点や改行を設けず、ずっと続けて書くと知った。

出自から書き起こして業績を丁寧にたどり、末尾には控えめな人柄紹介を加え、そのすべてを総括する終行はいずれも力が入り、こう決定づけるという覚悟のある公式文を吟味して読むおもしろさを知った。

偉人の銅像も好きで、多いのは明治の元勲を多く生んだ高知、鹿児島。像には必ず解説文があり、それを読む。神社仏閣は境内に歴史由来が記され、親しみやすい「ですます調」もあるが、私は昔の格式ある文調が好きだ。

句碑も多く、芭蕉碑は各地にあった。

閑かさや岩にしみ入る蟬の声
五月雨の降りのこしてや光堂
夏草や兵どもが夢の跡

詠んだ地の碑で読むとやはり感慨がちがう。日本各地に一番銅像の多いのは芭蕉像ともわかってきた。郷土の作家の作品一節を記した碑は、自分を育てた風土を描写したものが多く、素直に故郷を偲ぶ文は味わい深かった。

意識するようになった「碑文でたどる文学紀行」は、出身作家を顕彰する記念館や文学館にも足を向けさせ、そこで知る土地と文学のかかわりはまことに興味深く、同じ目で、住んでいる東京もたどり始めた。

やがて夜になると居酒屋の隅に座り、一杯傾けながらそれを思い出す。

これも年齢のせいだろう。いささか時代遅れになりつつも、路傍で価値観を守り続ける姿に心が動く。地酒、珍味、名物もいいが、「路上の文学散歩」が酒の友に加わった。

大人の居酒屋旅●目次

1　白鷺城の昔日の客——姫路

新幹線が姫路駅に停まると、まっすぐ北に延びる大通りの突き当たりに、天空に浮くように姫路城が見える。今日は行ってみよう。

大門から登城するまでの石畳に沿う白壁の厚い防壁には、鉄砲や弓の小窓「狭間」を空け、路はときに鋭角に折れ曲がり、戸の閉まる「いの門」「ろの門」「はの門」と続く。「ほの門」に至って幅はかなり狭く、門は小さくなり、末塞がりの長い迷路のようだ。最後は人ひとり腰をかがめて通れる門をくぐり、ようやく城内へ。石垣の中の地階で履物を脱いだ。

築城時とかわらない剛直な木造は柱も貫も太く、足裏に床板が冷たい。どの階も何も展示せず、ただこの城郭を見てほしいという姿勢がいい。急段に〈頭上注意〉の貼紙があったが頭をぶつけた。五層最上階六階の天守の窓下は、いま来た複雑な登城経路が一望で、見下ろす市内の先には播磨灘の海が見える。

下城してふり返れば、白壁に明るい灰色の瓦、石垣も白っぽいまさに「白鷺城」。私の故郷の松本城は重々しい黒瓦に真っ黒な板壁で「烏城」と呼ぶ人もいる。姫路城は泰平のお姫さまがふさわしく、松本城は戦国の武将と「白黒ついた」のだった。

城前の参道は広く、緑の銀杏並木は古木ゆえか上部を伐ってしまった大樹も多いが、その一本一本に〈この樹木はベンチとして大手前通りに帰ってきます〉と貼紙をまわしているのがいい。

通り角の質素な木造一軒家の黄色に塗った戸に「古本・雑貨おひさまゆうびん舎」として、路上の籠で絵本などを売っている。階段を上がった小さな二階は、大佛次郎『由比正雪』、田宮虎彦『荒海』、佐多稲子『月の宴』など文芸古書がぎっしり。私は『ボヴァリー夫人』はともかく、『真珠夫人』『夕顔夫人』『鎌倉夫人』『武蔵野夫人』『自由ヶ丘夫人』『芦屋夫人』など『○○夫人』ものにヨワく、伊藤整『感傷夫人』を買おうかなあと迷う。

その奥に〈これは新刊です〉と貼紙されて並ぶ本は「第8回　夏葉社フェア」だ。知らなかったが「夏葉社」は東京吉祥寺で名著復刻を続けている一人出版社で、〈本と文学の力を、一度も疑わず〉と見出しされた新聞紹介切り抜きの、丸刈り頭に笑顔ではにかむ若い社主の写真がいい。同社刊の『上林暁傑作小説集　星を撒いた街』、山崎ナオコーラ『かわいい夫』、『庄野潤三小説撰集　親子の時間』などすべてにつけた詳細な推薦文は作品への愛情に満ち、読んでいて飽きない。そのひとつ。

〈野呂邦暢、上林暁、尾崎一雄、尾崎士郎、三島由紀夫、沢木耕太郎、出久根達郎といった作家たちが愛した、東京大森の小さな古本屋。それが『山王書房』です。店主である関口良雄が綴った、作家たちとの交流と、古本と文学に対するあふれんばかりの愛情は、没後、『昔日の客』という書籍にまとめられ、以後、幻の名著として、長い間、古本好きたちに熱心に探され、そして、愛されてきました。実に32年ぶりの復刊。心あたたまる傑作です。〉

若い女性店主にうかがうと、夏葉社の本が好きで毎年秋にはフェアを開く。社名のごとく夏葉の緑樹を切り紙で手作りしたコーナー装飾は深い愛情を感じさせた。

そこを出た大手前通りで入ってみた、地下に降りるカフェ「KENSINGTON SINCE 1979」は、四角い自然石を煉瓦のように積んだ室内の、本格の木製英国風家具が落ち着く。白シャツ黒ネクタイ赤ベストの老練なマスターにコーヒーを注文し、今買った関口良雄『昔日の客』を開いた。ハードカバー丸背、黄緑布装に作者題字の型押し、ノスタルジックなカラー木版画口絵の造本はまことに本好きがうかがえる。余白を広くとったやや大きめの活字も読み易くこれは楽しみだ。旅先で本を買うのもいいものだな。

＊

さて夕方になり本番（です）。

アーケード「パステルおみぞ」は〈あなごめし〉の赤提灯、〈ひねポン〉の幟などが立つ飲み屋通り。こういう通りはどこの町にもある。一軒の白暖簾に四言絶句。

天之美禄　長夜乃飲
旅人地人　壺中之天

「天下の美酒を飲む長夜は旅人も地の人も壺中の天地」。名吟か素人吟か、私もこれでいこう。

繁盛している立ち食い餃子「英洋軒」の細路地奥の紺暖簾に〈プロ〉と大書した行灯看板〈味の店　湯どうふ〉が光る店はよさそうだ。

まずはビールをぐーっ。湯どうふは大きな椀のたっぷりの出汁に豆腐が沈み、葱と削り節がかかる。どれ……

うまい、かなりうまいぞ、豆腐もうまいが主役はたっぷりの出汁だ。

「このおつゆで一本飲めるね」

「そういう人多いんですよ」

答える女将は笑顔のすてきな美人だ。

暖簾の〈プロ〉は〈プロレタリア酒場〉の略で、昭和二十一年に創業の先代がつけた。無産者階級の酒場とは嬉しいじゃないか。戦後はこの言葉は皆が知っていた。〈ブルジョワ酒場〉では入る気がしない。狭い店内は居酒屋慣れした常連らしき客でいっぱいだ。それは名酒場の証拠。『昔日の客』の古書店も一流作家が常連だった。

私の座る右横上に、フラメンコ衣裳の女将の写真が飾られる。時々衣裳を替えて写真館で撮るそうだ。美人は写真映えするな。

「ここじゃあまり見えないよ」

「だって恥ずかしいもの」

恥ずかしいけどそっと飾る女心よ。

兵庫の名酒「奥播磨」の燗をじっくりやっていると、ギターを抱いた流しが入ってきた。昼は堅気の勤め人だが、駅前商業開発会社の〈流し募集〉の貼紙を見て応募。週二日、こうして趣味と実益で流しているそうだ。名は「みっちゃん」。古い繁華街の魚町はプロがいるのでそちらは遠慮してこのあたりを回る。プロは一曲五〇〇円だが、自分は二〇〇円とのこと。

「一曲どうすか」

「ようし」

何にしようかなと思い巡らすのだった。

2　どっぺり坂の寮生たち――新潟

信濃川にかかる新潟のシンボル「萬代橋」たもとに「新潟ブルース歌碑」が建つ。歌うは黒沢明とロス・プリモス＋美川憲一の最強組み合わせ。その二番。

しあわせの夜を　二人過したね
いつかより添った　古町通り

幕末に開港五港の一つとなった新潟は外国船の来航で栄え、港の花柳界は、京都祇園、東京新橋と並ぶ日本三大芸妓の町と言われた。その中心がこれで歌われる古町通り。そこから細小路を西堀通りに抜けた居酒屋「酒亭　久本」の暖簾をくぐった。
「あら～いらっしゃい」

迎える女将・美樹姐さんは現役の芸者で、若い芸妓たちの先生格でもある。店の柱には古町君佳、千秋、よし乃、菊乃、紅子など芸妓の豆千社札が貼られて華やかだ。

毎年恒例の古町芸妓総出演「ふるまち新潟をどり」は今年で二十九回め。美樹姐さんはいつも独り舞の大役だが、今年は「そろそろ若手に場をつくらないと」と囃子方小鼓にまわったそうだ。

ほのかに白い　指先で　涙をふいた
ああ　想い出の　想い出の　新潟の女《ひと》

美樹姐さんは左手で着物のたもとを引き、ほのかに白い指先で「どうぞおひとつ」とお酌してくださり、私の「ご返盃」を両手で受けてさっと飲み干す粋は、花街育ちが身についた新潟の女。小額に飾るお若いころの写真がいい。「女優の誰かに似てるんだけど思い出せないんだ」と言う私に「むかし三波春夫さんに、月丘夢路に似てるってくどかれたのよ」と苦笑する。おお、あの艶麗美人の誉れ高い「お月様」か、なるほど。

「それでどうした?」

「ふふふふ」

後はにごしてさすが芸者さんの話は色っぽい。

ツイー……

当店名物の干しカレイ焼き〈小柳〉は一皿二尾。「今日のは大柳」とおっしゃるのを肴に新潟地酒「鶴の友」を一杯やる心地よさ。〈しあわせの夜を二人過したね〉と自己満足、盃も重なることでした。

＊

一夜あけ、新潟文学紀行に出よう。

いつからか路傍の文学＝歌碑や土地の碑をよく読むようになった。年齢のせいもあろうが、そこに立たねば出会えない碑ははるばるやってきた感慨があり、練られた文や彫り文字に格調がある。

別名〝柳都〟新潟の西堀通りは緑の柳並木が風に揺れ、地元出身の法律家文人〈平出修先生生誕百年記念歌碑　新潟市長川上喜八郎敬書〉とある碑が建つ。

柳には赤き火かかりわが手には君が肩あり雪ふる雪ふる

結構ですな。

先の西大畑公園にやはり郷土出身の山田花作歌碑が。


柳散る秋の西堀東堀さびしきころよ恋のみなとも

こちらはやや淋しいか。

公園にある等身像「良寛さん　遊ぼ」は、手毬をつく良寛を二人の幼子が、一人はしゃがんで見るまことに愛らしい場面で、誰がしたのか、立つ子の肩にジャンパーがかかる。細面吊り目の良寛は出雲崎の座像と顔が似ていた。

その先「新潟大神宮」参道に、米粒を縦二つ割りにしたような素朴な自然石碑「安吾生誕碑」があった。

私のふるさとの家は空と海と砂と松林であった
そして吹く風であり風の音であった

末尾は〈「石の思ひ」より　坂口安吾生誕の地　坂口綱男〉。

上がった神宮境内の一角に見上げる立派な大碑「殉節之碑」は、幕末戊辰戦争で越後が最大の激戦地となり、勝者西軍は戦死者の埋葬を許さず、越後在住会津藩士が苦しい生活の中からようやく二十三回忌の年に建立した悲願の鎮魂碑である旨が記される。〈従三位松平容保公篆額　人臣之所重在忠義節烈如我會津藩殉難諸士可謂能盡之者……〉漢字のみが端然と続く碑文の楷書彫り文字は一字一字が端正に引き締まり、謹直誠心、烈々たる気迫が伝わる。末尾に小さく〈新潟　倉田緑司刻〉とあった。

道が大きくカーブする所に立つ饅頭形の碑「どっぺり坂」は、かつてこの坂の上に旧制新潟高等学校、後の新潟大学があり、学生寮「六花寮」の弊衣破帽の学生達が、古町などの繁華街に通う近道として往来。遊びの度が過ぎると落第するという戒めから、ドイツ語のドッペルン（二重にする意）と洒落て「ドッペリ坂」と名づけられ、階段は及第点の六十点に一つ足りない五十九段でつくられているとある。なるほど、寮生もまた古町に繰り出していたか。

2　どっぺり坂の寮生たち

その五十九段を上がってしばらく行くと新潟出身の歌人・會津八一の「寒燈集」から

の歌碑が。

於りたてはなつなほあさきしほ可せのすそふきかへすふるさとのはま

さらに進むと〈空と海と砂と松林〉になって吹く風の音がきこえ、抜けると日本海が広がった。

3　風になる口笛――盛岡

盛岡市内、中津川に沿う岩手公園にごろりと置かれた大きな石に、宮澤賢治「岩手公園」の四角なブロンズ詩碑が嵌められている。全四節の終節、

弧光燈《アークライト》にめくるめき
羽虫の群のあつまりつ
川と銀行木のみどり
まちはしづかにたそがるゝ

後ろ二行は抜き出され、目の前の中津川にかかる「中の橋」たもとの饅頭石に、素朴な筆字の小さなプレートで嵌まる。ともに仰ぐような大碑ではない素朴な自然の石なの

が賢治らしい。銀行は橋向こうの明治四十四年竣工の旧盛岡銀行本店で、設計は辰野金吾と盛岡出身の葛西萬司。辰野はここで試みた赤煉瓦に白花崗岩のバンドを巡らしたルネサンス様式に自信を得て東京駅の設計に臨み、後に「辰野式」といわれた。

橋下の川の流れに沿う小径は、小さな碑文プレートをはめた自然石が、草むらに点々と無造作に置かれる。

中津川や月に河鹿の啼く夜なり
涼風追ひぬ夢見る人と　啄木

たそがれて行く人おもふはよしなしと
中津川へりひとりもどりつ　孤舟

みちのくの夏の夕風盛岡の
ぎぼしゅが橋を吹き渡るかも　岡本かの子

「ぎぼしゅが橋」は上にかかる「上の橋」のことで、かつて南部氏十二代が京都にいるとき、鴨川の橋の擬宝珠を摸す許しを得て、二十七代利直が「上の橋」架橋のときに取り付けた。今も青銅擬宝珠には〈慶長十四己酉十月吉日　中津川上之橋　源朝臣利直〉の筋彫りが残る。

たもとの解説板に、浅田次郎の歴史小説『壬生義士伝』で、南部盛岡藩士・吉村貫一郎はこの橋で親友と別れて脱藩し新撰組に入隊。京の三条大橋に佇み、盛岡にも擬宝珠の橋があると懐かしんだ、とある。

旧盛岡銀行本店に近い旧第九十銀行本店は、盛岡出身・横濱勉によるユーゲントシュテール様式（ドイツ・アールヌーヴォー）で今は「もりおか啄木・賢治青春館」だ。玄関脇に東京銀座から寄贈された柳が植わるのは、石川啄木が銀座の朝日新聞社に校正係として勤務して残した歌による。

春の雪銀座の裏の三階の煉瓦造にやはらかに降る

啄木ってうまいなあ。

明治十九年、日戸村（現・盛岡市）に生まれた啄木は旧制盛岡中学に進み、しばしば教室を抜け出して盛岡城、別名「不来方《こずかた》城」の城趾に登り読書にふけった。

不来方のお城の草に寝ころびて空に吸はれし十五の心

啄木に遅れること十年の明治二十九年、花巻に生まれた宮澤賢治は、やはり盛岡中学に進み、先輩啄木の清新な詩作に触発されつつ、明治四十三〜四年、相次いで盛岡に出現した西洋建築の銀行に刺激される。

啄木、賢治を生んだ盛岡が大好きだ。東北も仙台あたりはまだ東京のにおいが残るが、ここまで来るとそれは消えて独自の文化があり、書店、喫茶店、映画館が多い。

寒い朝の通りにモーツァルトのクラリネット協奏曲が聞こえる。小林秀雄が大阪道頓堀を歩いていて突然頭の中にモーツァルトのト短調シンフォニーが鳴ったと書くのは、ややお話がうま過ぎる気がするがこちらは本物だ。

私が詩歌に親しんだのは、大学時代なけなしの金で買った『世界近代詩十人集』（伊藤整編／一九六三年／河出書房新社）からだ。ブックデザインの巨匠・原弘の装丁は小型版緑色布装ハードカバーに金の箔押し、臙脂色の花布がアクセント、緑色ミューズコットン紙を貼った外函は新鮮で、ボードレールやヴェルレーヌを読んだ。

　いつも入る大通りの「さわや書店」は〈居酒屋大好き人間全員集合!〉として小さな特設コーナーをつくり、ありがたいことに私の本もつねにいくつか並ぶ。盛岡は文学の町だ（ここで言うか?）。地元雑誌を数冊手にお礼の挨拶をすると「ああ、太田さん、よく盛岡に来てますね」と笑ってくれた。

　朝七時半から開く「いなだ珈琲舎」は盛岡劇場のすぐ前。当劇場の名物が、昭和二十四年に始まり、平成七年に盛岡在住の作家・高橋克彦が復活させて毎年公演を続ける「盛岡文士劇」だ。今年の演目は「あと、ふたっつ」（内海隆一郎「パズルのかけら」より）、恒例の「口上」をはさんで「忍夜恋倭心中（しのびよるこいやまとしんじゅう）」（「ロミオとジュリエット」より）、と面白そうだがチケットはすでに完売。以前、高橋氏担当の女性編集者に「駕籠かき役でいいから出たい」とねだり「毎週土曜に四回稽古に来れますか」と言われてあきらめた。

　背に清々しい朝陽を浴びて飲むコーヒーがおいしい。地方の旅の良さはこんなところにもある。

静かに流れるバッハのフルートソナタに耳を傾けた。

*

夜になりなじみの居酒屋「海ごはん　しまか」へ。

女性店主とはすでに三十年のつきあいだ。椎名誠さんのキャンプにいた彼女の兄と仲良くなって知った。そのころは実家の「島香魚店」を手伝っていたが、売れ残った魚で店の隅で一杯飲ませることを始め、やがて市内に居酒屋を構えるまでになった。地魚の〈どんこ丸焼〉は肝・葱・大葉・味噌などを腹に詰め、野趣満点だ。

男勝りの気質で、キャンプ後の大勢の飲み会で腕相撲大会になり、自信のある彼女は畳に腹這いで座布団をはさみ、並いる男らを次々に撃破。私も組んで思いきり力を込めたが、ややあってフフンとばかり苦もなく倒された。

彼女からこんなことを聞いた。

ながく川柳を作っている両親に影響され、平成五年、青森県蟹田町（現・外ヶ浜町）の主催する「第一回風のまち川柳大賞」に応募すると一等賞グランプリに選ばれた。

口笛がやがて大きな風となる

これを聞いたときの感動を忘れない。このとき彼女二十六歳。人生へのみずみずしい希望がさわやかだ。この作は同町で碑となり両親と見に行ったという。

「これです」と見せた携帯写真は、小高い丘の松の樹の下の石碑で、作者・高橋真紀の名も彫られる。しばらくその写真を眺めて盃を口にした。

4 鋳物の町の大仏――高岡

富山県高岡の駅前には大伴家持の像が立つ。

家持は『万葉集』のおよそ一割・四七三首を占める万葉歌人第一位、その約半分・二二三首は、天平時代に奈良から国守として五年間赴任した高岡時代の作だ。平成二十九年の生誕一三〇〇年に向け、「万葉シンポジウム」や「高校生万葉短歌バトル2017」、演劇「大伴家持　剣に歌に、夢が翔ぶ！」など様々な行事が催された。

もののふの八十をとめらが汲みまがふ
　寺井の上のかたかごの花

「かたかご」は「堅香子」と書き、今は「カタクリ」と呼ぶ紫色の可憐な野花。その花を摘む童女二人と立つ家持像の雰囲気は優しい。

私の亡父は信州の学校の教員で専門は国語だった。正月には教える中学校の生徒が家に来て百人一首を取った。和歌のかるたは古文に親しむのによいと考えたのだろう。

その後もわが家恒例の正月の夜の行事で、方式は「競技用」というかな文字だけの札を五十枚ずつ分けて二軍で取り合う「源平」だ。

初めの一番は母、兄、私、妹がそれぞれに分かれ、詠み手の父はおもむろに「今宵よくば空札いちまい～　君が代は千代に八千代に～」と適当な歌を詠みあげて調子をおこし本番に入る。次の一戦は詠み手が母に替わり、父が取り手に加わった熱戦になる。普段口数すくない母は、炬燵にあたりながら朗々と声をあげて歌を詠むことを楽しんでいるようだった。

父は強く、自分だけの札の配置を持ち、はね飛ばす手は素早かった。兄は酒を飲んだ遊び半分、妹は得意札を絶対とられないよう、その一枚に集中していた。終盤は必ず父と私の対決になり、勝敗の決まる札が詠まれると父は「ああそれか」と身を起こし、勝ちを私に譲った。

かささぎのわたせる橋におく霜の
しろきを見れば夜ぞふけにける

雪深い信州の正月に、暗闇の雪がほの白いこの一首の景色が見え、父は「大伴家持の歌だ」と私に教えた。

古く落ち着いた高岡の町の、鋳物発祥の金屋町は四〇〇年の伝統を持ち、石畳、千本格子の家並みは国の重要伝統的建造物群保存地区となっている。

前田利家が開いた加賀藩を継いだ長男・利長は、四十四歳で金沢城を異母弟の利常に譲り富山城に隠居したが、焼失すると迷うことなくこの地に築城。中国古典『詩経』の一節〈鳳凰鳴けり、彼の高き岡に〉から名を「高岡」とし、鋳物鋳造による地場産業を興した。今も、梵鐘、銅像、茶花器、美術品など国内シェアの九割を占める日本一の鋳物の町だ。

その象徴が奈良、鎌倉とならぶ日本三大仏「高岡大仏」だ。およそ八〇〇年前の木造初代以降三度の焼失を経て今のは四代目。明治四十年から二十六年の歳月をかけた昭和八年の建立は、鋳物の町の意地をかけた悲願だったのだろう。

奈良も鎌倉も拝観料が必要だが、高岡大仏は町中の交差点角に天蓋もなく悠然と座し、四方から拝める。威厳のある奈良、眠るような鎌倉に比べ、穏やかで若々しいなかなかの美男、つややかな青銅の肌も美しい。台座下の円環の部屋はいつでも入れ、地元画家たちの仏画は純な信仰心を感じる。高岡出身の作家・堀田善衞の書額もある。

町なかの狭きかたえに身を寄せて薄き衣に胸あらわ
カンカンと日の照るときに汗流し
はだら雪降りつもるとき身はふるえ
はるかなる天竺より
この北國の片隅に来たり座せる佛の像
坐り飽きたるさまもなく
撫肩に伏目にて通る人をば見て守る……

日常の場に座す大仏は町の何よりの心のより所だろう。

4　鋳物の町の大仏

高岡市鋳物資料館奥の「高岡鑄物發祥地」碑のある小公園一角に、かつてはどこの小学校にもあった薪を背負って書を読む二宮金次郎の像が建ち、これらは殆ど高岡で鋳造されたとある。

私は偉人の銅像が好きであちこちで見たが、最高傑作は高岡隣りの金沢、兼六園の一角に建つ「明治紀念之標」の日本武尊像だ。遥か高く岩を築いた上に古代の服をまとい「さあ、どこからでもかかってきなさい」とばかりに剣をかまえ、女性的な笑みを浮かべた像に見とれた。明治十三年の日本最初の青銅像で高さ五・五メートル。その名誉にかけて高岡鋳物が請け負ったことも知った。

離れて、菅笠で拳を突き出す女と、棒を背負って構える男が踊る「弥栄節」像が建つ。

一、河内丹南鋳物の起こり
　（ヤガエー）
　今じゃ高岡金屋町エー
　（エンヤシャ　ヤッシャイ）
二、火の粉吹き出すあの火の下に
　いとし主さんタタラ踏むエー

しなやかな女性の腕、構える男の力強さ。対の像は見事に対比し、私も真似て踊る格好をしたのでした。

日暮れて、ゆかしい名「御旅屋通り」の居酒屋「酒蔵　盛盛」に入った。冬の〈かぶら寿し〉がおいしい。高岡唯一の酒蔵の「勝駒」は、創業明治三十九年、日露戦争の戦勝を記念して名づけられた。

会社員から転職して居酒屋を開いたという主人と美人の奥様は「二十年ほど前、富山で初めて飲んだ地酒がこれ」と言う私に、にこにこしてくれる。

初めての町を訪ねて歌人や文学者の足跡を知ると、その地が身近に感じられてくる。大伴家持、堀田善衛はここにいた。そうして重ねる一杯は味わいが深くなる。

「今日買ったんだ」とカウンターに置いたのは、刀の鍔の形の鉄鋳物の文鎮だ。

信州の私の家は四代続いた金工錺《かざり》職人で、幼い私は祖父が手押しフイゴで真っ赤に焼いた鉄を鉄床《かなとこ》で叩き、水でじゅっと焼き入れするのを飽かずに見ていた。そのためか金物好きになり、ロンドンの泥棒市で真鍮の猿、北京の空港売店で仏像、京都清水の露天市で背で琵琶をかき鳴らし舞い踊る伎楽天、富岡八幡の骨董市では袋をかついだ布袋、などつい買ってしまう。

ずいぶん昔に母と金沢に旅行し、書をやっていた母に、寝そべって子犬を見る子供の像が付く文鎮を土産に買うと、とても喜び愛用してくれた。母は亡くなり、その文鎮は今は私が使っている。高岡製かも知れない。

5　ふるさとの古書店――松本

松本は私の故郷。帰省すると必ず、幼き日に父に連れられた、町の中心にある四柱《よはしら》神社にお参りして手を合わす。

ぱんぱん――柏手を打って見渡す境内隅に句碑を見つけた。

咲きそめて白は神慮の花菖蒲　筑邨

裏に略歴〈藤岡筑邨　一九二三年松本市生まれ、本名改造。高浜虚子・富安風生に師事。一九四八年より俳誌「りんどう」主宰。雲呼んで雪とす城の鬼がわら　姨捨の深雪の底の炬燵婆　蒲公英を踏み雪嶺を指呼に見る　など、松本および信州を詠んだ名句多数〉。

藤岡先生は私が在籍した松本深志高校で現代文を教え、俳号「ちくそん」で呼ばれた名物教師だ。映画を好み、ある放課後の雑談で私が見てきた当時評判のM・アントニオーニ監督「太陽はひとりぼっち」が話題になり、先生が「物語に関係なく出る風景ショットはどういう意味と思う?」と投げかけ、「ああいうものにそのつど意味を見ないといけないんですか」と答えると「フム」と笑ったことがあった。

神社から松本城へ至る通りの古書店「青翰堂《せいかんどう》」は堂々たる三層のミニ松本城天守閣で、ビルに挟まれて存在感を見せる。今日入ると、ながい間、床に山積みだった本はかなり整理されてすべて棚に収まっていた。旧制松本高等学校(現・信州大学)卒の『北杜夫全集』、旧制松本中学(現・松本深志高校)卒・臼井吉見『安曇野』全五巻や、小島烏水『アルピニストの手記』、浦松佐美太郎『たった一人の山』など信州らしく山関係は何段にもある。

赤い装丁の岩波書店『漱石全集』全巻に昔を思い出した。私が高校で入部した美術部「アカシア会」の一年先輩Kさんの父は、同校で藤岡先生とともに国語を教えていたが、Kさんは父の書棚から漱石全集全巻を持ち出し、青翰堂で遊ぶ金に替えた。本が消えた先生はもしやと行くとあり、一件はばれてこっぴどく叱られたと。まさかそれがまたここに並んでいるのではあるまいな。Kさんは漱石では「夢十夜」がおもしろいと言っていたが。

ここでは本よりも絵を買うことが多い。以前、小林清親の複製版画が安く何枚か買った。何かないかな、おおあるある。江戸の遊女が背高の石灯籠に灯を入れる浮世絵は複製ではない本刷り木版画で、裏の鉛筆走り書きは「¥1000」とも「¥10000」とも読める。差し出すと店主は眼鏡を替えてしげしげと見て「千円」とつぶやいた。

一九六四年に高校を卒業して上京すると映画に夢中になり、雑誌「映画芸術」を毎号購読。アントニオーニ監督作品の評論も盛んで、「心象風景」というキーワードを知り、藤岡先生の質問はこれだったのかと知った。

当時松本の古書店「松信堂」に「映画芸術」のバックナンバーがよく出るのを知り、帰省すると入り、あればすべて買った。藤岡先生のものだったのかもしれない。久しぶりに松信堂を訪ねてみよう。「映画芸術」はまだあるかな、いや店自体があるか。

あった。市の中心からやや離れた旧制松本高校跡地近く。創業昭和十六年と聞いたから、当時旧制松高にいた北杜夫や辻邦生も来たかもしれない。小さな店は本で完全満杯。立錐の余地もなく、肩が触れたらすべて崩れそうだ。実際いつかの地震のとき総崩れし、信大生数人が片づけに来ると言ってくれたが整理順があるので気持ちだけもらったとか。「映画芸術」を探すどころではないなと思いつつ、せっかく来たから何か買おうと見回すと、奥の奥にキラリと「どうです買いませんか」とアピールする本がある。題名は『近代日本性豪伝』(末永勝介著/一九六九年/番町書房)。

「性豪」これほど男心をくすぐる言葉があろうか。金もいらない名誉もいらぬ、オレは性豪と呼ばれたい。いったいどなたがと目次を開くと、

伊藤博文＝明治天皇の機密費まで〝女遊び〟に流用
松方正義＝愛人二十数人、子と孫で百数十人
桂春団治＝素行の悪さで売り出した〝後家殺し〟
曾我廼家五郎＝天外、寛美にいたる関西エッチの始祖
木村荘平＝いろは……48人の女に支店経営させた牛肉成金
出口王仁三郎＝素裸で侍女を従え、法悦を説く恍惚の大教祖
松永安左衛門＝94歳にしてセックスの夢をみる〝電力の鬼〟
梶山季之＝マスコミの超スケベ人間

などなど全十人が、詳しい口絵写真入りで載る。「こ、これをください」コーフンし

て購入し、やってきたのは白壁土蔵造りのなじみの居酒屋「きく蔵」。

ふう……。

信州安曇野の酒「大雪渓」のお燗に肴は「馬刺」で決まり。海なし貧乏県の松本は昔から馬肉をよく食べ、肉屋でも普通に売っている。ここ「きく蔵」のは特にうまく、時々「生レバー」もある。

白顎髭に作務衣の主人は絵を描き、いつか見せてもらった作品の写真アルバムでは、スペインで描いた風景画などが良かった。「さっき青翰堂で絵を買ったんだ」と見せると「へえ、なかなかいいですね」と眺めてひっくり返し「一万円か、やっぱこのくらいしますかね」ともらす。店には奥様もいる。『性豪伝』の方は見せられない。

故郷の居酒屋の安心感がほっとさせる。

青春の高校時代は確実に私の基礎を作ったが、卒業して上京すると、信州人の欠点ばかりに気づいた。議論を好んで理屈っぽく、出身校を聞きたがり、なんでも知ったかぶりをするのが貧乏県のコンプレックスと思ったのだ。

東京人はちがった。あっさりと粋でスマート。議論などせず「ああそう」で終わり。学歴よりも育ちや家柄を重んじ、勉学しか出世の道はない信州人の価値観は通用しなかった。同じ上京組の高校同級生が、夏休みになると「信州の山が見たい」とさっさと帰ってゆくのがちゃんちゃらおかしく、東京の生活を、文化を追いかけ、身につけようとした。

それがこの年齢になると〈ふるさとへ廻る六部は故郷をめざす〉。故郷に居ることが落ち着きになって来たのだ。

ツイー……

「今年のきのこはどう?」

「だめずら、きのこは一年おきだで」

そうかあ……。

（青翰堂はその後閉店）

6　信濃の国の歌人——松本

松本の朝のホテル八階から見る雄大な日本アルプス連山は、残雪がまぶしく光る。頃は春、空はどこまでも青い。その手前に小高い城山《じょうやま》公園に散歩に出よう。

ここは松本深志高校在学時の春、伝統の「花見」に来た所だ。と言っても昼休みに学級クラスで下駄履きで歩いて来て、桜の下で持参の弁当を食うだけの話だが、最後に担任の先生を胴上げして落とすのが恒例だった。嗚呼、戦後田舎の高校生活よ。

当時はなかった歌碑が建つ。一つは深志高校の前身・旧制松本中学の先輩・窪田空穂。

鉦ならし信濃の国をゆきゆかば
ありしながらの母見るらむか

碑文は本人の書で流麗だ。裏の解説〈空穂は本名通治、明治十年松本市和田に生まれ、昭和四二年九一才で没した。……この歌は、第一歌集の「まひる野」に収められており、みずみずしい若い感傷でありながら、当時の「明星」の作風とは共通しない、リアリズムの精神のうかがわれるもので、現実把握の上にロマンシズムをうちたてている〉。批評を加えるあたりが信州人らしいか。あと一つは浅井洌《きよし》。

千々に身を砕きて磨けふたつなき
心の玉の世をてらすまで

歌調は硬いが、嘉永二（一八四九）年松本藩士に生まれた浅井洌は、長野師範学校の教諭だった時に書いた詞が後に県歌「信濃の国」となり名を残した。

信濃の国は十州に　境連ぬる国にして
聳ゆる山はいや高く　流るる川はいや遠し

六番まであるこの歌を長野県民は「全員」歌える。日本各地にある県人会も最後は必ずこの歌だ。私は『日本の居酒屋——その県民性』（朝日新書）という本の長野県の項で〈性格は理屈っぽく、議論のための議論に屁理屈くり出すが、最後は皆で歌を歌う〉と、（笑）のつもりで書いた。碑の撰文は、明治に文部省小学校唱歌教科書編纂委員として「ふるさと」「もみじ」「朧月夜」など不朽の唱歌を作詞した長野県出身の高野辰之で、人選を得ている。

松本での毎朝の習慣、女鳥羽川沿いの民芸喫茶「まるも」でクラシックを聴きながらコーヒーを飲み、タブロイド判の地元紙「市民タイムス」を読む。今年の正月、同紙に新春随想を頼まれたのは嬉しかった。

さて今日も松本古書店めぐりに出よう。古書店の多い町は良い町だ。

洋館に瓦屋根のクラシックな名ホテル「花月」向かいの「想雲堂」は、安っぽいビルの怪しげなアルサロだったが、数年前塗り替えて古書カフェになった。

「あ、どうも」と迎える、本に埋まるのが嬉しそうな甲府出身の店主。松本が気に入り、また古書がよく売れそうとここに開いたそうだ。〈人生のことはすべて山に学んだ　さわのひとし　2015・12・6〉の色紙が飾られる頑丈な木棚を埋めるのは、郷土誌や山岳関係はもちろん、翻訳ミステリや本格推理、サブカル美術、映画書などで充実している。以前買った『大正レトロ・昭和モダン広告ポスターの世界——印刷技術と広告表現の精華』（二〇〇七年／国書刊行会／定価三〇〇〇円／古書価三五〇〇円）は大収穫だった。

さて。文芸書コーナーから抜き出したのは簡易函に『名著複刻日本児童文学館　第二集20　ほるぷ出版』とある『童謡集　月と胡桃　北原白秋著』（昭和四年六月／梓書房）の復刻だ。簡易函で保護された頑丈な本体貼り函は、背のタイトルも、表の西洋古典エッチングも別ラベル貼り。厚表紙の本体は黒緑の総布貼りに表題と紋章を金箔押しでパラフィン紙がかぶる。全三三〇ページ、厚さ三センチは今どき珍しい豪華な天金だ。開いた口絵写真、支那服の白秋と幼子には半透明和紙かけ。童謡は十文字ほどで改行のため、ページの下大半は余白という贅沢。

その復刻版の想雲堂の売値は、おおなんと四五〇円！　復刻とはいえ、いや復刻だからこそ私の好きな旧字がそのままに〈昭和四年六月廿日發行　金四圓五十錢〉の朱判つき奥付も貼られる。

月《つき》のひかりが窓《まど》に來《き》て、

町《まち》のひびきをつたへます。
僕《ぼく》は胡桃《くるみ》をコツコツと、
小《ち》さい木槌《きづち》でたたきます。

表題作「月と胡桃」はこの後数連が続き、すべてを書き写したくなる。私は白秋の童謡が大好きで、小田原の「白秋童謡館」を訪ね、さらに八年間を過ごした茅葺きの旧宅「木兎の家」跡の庭から栗を拾ってきたことがあった。

これは決定版だ、収穫収穫。コーヒーを注文して、ゆっくりページをめくった。

*

夜になり想雲堂にほど近い居酒屋「満まる」へ。

「いらっしゃい」。にっこり笑う若主人は昨日入った「きく蔵」で修業してここを開いた。お燗で注文した「水尾」は信州飯山の地酒だ。

ここ十年で長野県の酒は格段に良くなった。特徴は北アルプスから麓の扇状地をくぐって二年ほどで湧いてくるアルプス伏流水の水質の良さだ。松本市内はいたる所に水がわき、井戸それぞれ味がちがって、好みでタンクを持って汲みにゆく。その「水のうまさ」に加え、近年作られたリンゴ酸を使う長野R酵母がリンゴ香を与えて、ここに決定版信州酒ができた。私は上田の信州地酒専門店から一升瓶六本ずつ取り寄せてほとんどの銘柄を試飲。品質を確認し、誰にも頼まれないが「信州酒大使」を自任してアピール活動を続けている――と話すと、主人はにやにや笑い「ご苦労さんです」の表情だ。

まあいいや、それより肴だ。かつては信州に鮮魚は手に入らなかったが、今は北陸を中心に全国から集まり、たたき、焙り、酢〆などの調理法も手にした。

昨日の「きく蔵」の受け売りで「今年のきのこはだめらしいね」と話すと「そうなんです、記録的な不作で」と言いつつ、今日手に入ったいわゆる「雑きのこ」、アカモミタケ、コガネタケは貴重と出してくれた。

その山の香りよ。子供のころ、よく父と山にきのこ採りに出かけ、最初はわからないが「ほれそこにある」と教えられると、どんどん見つかった。子供は食べるより採る方がおもしろい。帰ると私はほったらかしだが、父は新聞紙をひろげて丹念にごみを取り、母に焙ってもらって酒の肴にしていた。

貴重なきのこを味わい、昔を思い出した。

7　藤村の青春の碑——仙台

仙台駅の表玄関は西口だが、東口に「日本近代詩発祥の地」の碑が建つ。碑文〈ここ三浦屋にありて　若き島崎藤村　日本近代詩の夜明けをつげる　『若菜集』を生む〉。

島崎藤村は明治二十九年二十四歳の時、東北学院教師として来仙。旅人宿・三浦屋の二階に下宿し『若菜集』を書いた。碑の解説〈木曾馬籠の生家の没落、明治女学校での教え子との失恋、そして親友、北村透谷の自殺など、東京での悩み多き生活から逃れるように仙台にやってきました。孤独と憂いを抱いて行き着いた仙台の風土は、藤村の心の傷を癒し、苦境から立ち直らせました。そして藤村の口からうたい出された詩は、日本近代詩の先駆けとなった『若菜集』として出版され、日本中で愛読されました〉。

離れて詩碑が建つ。

心のやどのみやぎ野よ　乱れて熱きわが身には
日かげもうすく草枯れて　荒れたる野こそうれしけれ
独りさみしきわが耳は　吹く北風を琴とき丶
かなしみふかき吾が眼には　色無き石も花と見き

名調子と言えようか。『若菜集』五十一編中の「草枕」の一節で、藤村自身、「私が一生の曙は、このようにして開けてきた」と述べている。碑は昭和十一年、当時の土居光知東北大教授らにより、藤村に揮毫を求め実現した。翌十二年に来仙した藤村は碑を前に「これはたゞの詩碑でもない、むしろ、青春の碑とも言ひたい」と感激したとある。
さらに「潮音」詩碑も並ぶ。

湧て流る丶八百潮の　そこにいざよふ海の琴
調べも深し百川の　萬の波を呼びあつめ
時満ち来ればうら丶かに　遠く聞こゆる春の潮の音

昭和五十六年、藤村文学を愛する市井の人・末永喜一は、藤村がこれを詠んだ故郷荒浜に、私費でこの碑を建てた。平成二十三年、東日本大震災の津波で傷み放置され、心を痛めた名掛丁（仙台の地名）東名会と有志は、平成二十七年、ここ名掛丁藤村広場に碑を傷はそのままに移設した。流麗な筆字は折からの雨に濡れ、津波に翻弄されるさまを思わせた。

広場先の小路に「島崎藤村と名掛丁東名会」の説明がある。当会は平成三年、藤村の生まれ故郷、長野県木曾馬籠の藤村記念館を表敬訪問し、その後、庭に植わるミヤギノハギを分けてもらい移植した。ミヤギノハギは宮城の県花だ。

――私は長野県の教師だった父がその馬籠に昭和三十年に赴任したため、小学五年から中学一年まで住んだ。馬籠は郷土の文豪を誇りに思い、藤村没後の昭和二十二年、村民の発案で「藤村記念堂」を建てると決め、実現は村民の勤労奉仕とした。

整地、背負子による資材運搬、石工、棟梁、左官などすべてが手弁当。婦人連も同じ。夏休みの学童は谷の下の瓦焼き場から馬籠に登る急坂を一枚、二枚と蟻の列で手運びした。農繁期の昼作業を終えた男たちは夜、松明を頼りに長大な木材を背負って運んだ。伝手をたよって設計を依頼した工学博士・谷口吉郎は、村人が村人の力で建てる堂におおいに興味を示し、完成後、第一回日本建築学会作品賞を受賞する。堂の黒塗り冠木門正面の白漆喰衝立壁に藤村の言葉を記した朱塗りの小額が飾られた。

血につながるふるさと
心につながるふるさと
言葉につながるふるさと

第三節が藤村らしい。紫に咲く庭の萩は覚えている。
秋十月の落成式に、詩人・佐藤春夫は祝辞自作詩「詩人藤村の頌」を朗読した。

これわが國のワイマアル
大人《うし》が残せし筆のあと
また夢のあと足のあと
残れる空や路や森
（中略）

歌よ工藝《たくみ》よまごころよ
凝りて成り出しこの堂よ
これみな大人が徳にして
また里人が力なり

この詩には曲がつき、記念堂で行う小中学校行事では生徒や先生によりいつも歌われ、私は今も歌える。あるときは文芸評論家の亀井勝一郎が訪れて話をし、著作を読んでいた父は熱心に聴いていた。
国語が専門の父は「藤村研究だ」と筑摩書房の全集をそろえ、私も開いた。

まだあげ初めし前髪の　林檎のもとに見えしとき
前にさしたる花櫛の　花ある君と思ひけり
やさしく白き手をのべて　林檎をわれにあたへしは
薄紅の秋の実に　人こひ初めしはじめなり

『若菜集』の「初恋」。まだ小学生の私が初めて覚えた詩がこれだ。そろそろもの思う年ごろに〈人こひ初めしはじめなり〉はまぶしく、幼い初恋もここで知った。

いま来ている仙台の、その名も「初恋通り」の小さな神社の祈願に、家内安全とならび「初恋成就」とあるのがほほ笑ましい。通り角の梅津酒店は創業明治三十一年とある。若き藤村も酒を買ったかも知れない。私もなじみの居酒屋で飲もう。

＊

「ヤダー、太田さん、いらっしゃい！」

「客にヤダーとはなんだ」

忍者のような茶の作務衣の女将が嬉しそうに胸前でぱちんと手をたたき、私が軽口で答える。国分町の居酒屋「一心」とは古いつきあいだが、女将はいつまでも娘のように若い。

不動の貼り紙は〈宮城県産酒は宮城県民の宝です‼〉。その通り、必ず注文する「伏見男山純米大吟醸中汲み」の清雅にしてコクのある旨さ。決まりのお通し「活きボタン海老」の色鮮やかさ、時季に出る「活きホヤ」は東京では決して味わえない逸品だ。

「太田さんの本見て来てくれるお客さんが多いんです」

「へえ、女性も?」

「増えました」

そうなんだ。話を閉じて、目をカウンターに移し、ゆっくり一杯注いで、口に含んだ。

私の初恋の女性は一学年下で、いつも小学校の放課後、音楽室で一人、ピアノを弾いていた。その後医師になり結婚して父の医院を継ぐ。やがて診察の合間にチェロを弾くようになり、電話口の向こうで数小節弾いてくれたことがあった。この人への想いは今もまったく変わらない。

初恋……六十年以上も前のことだ。

「太田さん、なに考えてるの?」

盃を手にうつむく私に若女将が声をかけた。

8　弁天島の舞ちゃん音頭――浜松

浜松駅から東海道線各駅停車で三つめが「弁天島」駅だ。駅名に惹かれてやってきた。人影のない小さな駅を出ると、いきなり旧東海道の地下通路をくぐらされて浜まで徒歩三分。島があるかと思ったが、湖畔はるか遠くの瀬に真っ赤な鳥居が立ち、その後ろは浜名大橋が横に長く、大型トラックが米粒のように走っている。夏は海水浴場になるのか無料シャワー所や公衆トイレが置かれているが、冬一月の今は閑散と何もなく、我ひとりだ。

これだけか。小雨でもあれば詩心もわくけれど、一天曇りない冬の青空ではただ即物的だ。それでも何かないかと歩くと「浜名湖」と題した種田山頭火の句碑があった。

春の海のどこからともなく漕いでくる

昭和十一年四月、浜名湖弁天島を訪れたとき詠まれたと解説があり、山頭火にしては珍しく五七五の定型句だ。

私は山頭火の句を少しも良いと思わない。〈分け入っても分け入っても青い山〉〈うしろすがたのしぐれてゆくか〉〈まっすぐな道でさみしい〉。それがどうした。せいぜい散文の印象的な言い回しではないか。

好きなのはまず久保田万太郎。

あきかぜのふきぬけゆくや人の中
神田川祭りの中をながれけり

こういう情感の発露を俳句と言う。さらに西東三鬼。

水枕ガバリと寒い海がある
中年や遠く実れる夜の桃

俳句はここまで心理も描けるのだ。と、今こんなことを思っても仕方がない。離れて「舞ちゃん音頭」の歌碑もある。

浜の松風さらりととけりゃ
海は小春のそよろ風
ここは舞阪アサリの名所
朱の鳥居も手をまねく
舞ちゃん音頭で
色もとりどり粒ぞろい粒ぞろい

詞・伊豆篤市になる舞阪町商工会創立四十周年記念歌。気楽でいいなあ、ついひらりひらりと手踊りしたくなる。

今はアサリが粒を大きくする季節とか、食べたいな。駅で〈浜名湖牡蠣〉として、明治二十年、東海道線の浜名湖架橋工事の蛇籠に天然牡蠣が育っているのを発見した舞阪町の田中万吉が、水深の浅い湖底に地蒔き式で牡蠣養殖を始め、浜名湖は牡蠣名産地となったというポスターを見た。牡蠣もいいな。

用もなくなり戻った旧東海道沿いに、松の大樹に守られて小さな赤い社殿「辨天《べんてん》神社」がある。解説によると、昔あたりは砂洲が長く、その景勝に誘われてか天女が舞い降り、喜んだ村人は社を建てるからここに留まってほしいと願い出たが、天女は駿河の三保の松原に行ってしまった。袖にされたけれども後の宝永六（一七〇九）年、この辨天神社を建立、海上安全などの「市杵島姫命」を祀った。その願い、いじらし。かつて三保の松原で天女が衣を掛けた「羽衣の松」を見たが、そのときのものだったたか。

せまい境内に碑が三つ。一つは明治二十八年、松山から上京する正岡子規が車窓から浜名湖を眺めて詠んだ句。

天の川濱名の橋の十文字

最後の五音がひきしまって良いではないか。

そして浜松出身の俳人・松島十湖の明治四十一年の作。

月や風や夏しら波の海と湖

描写だけでいまいちかな。風流な語「月」「風」はあまりナマで使わない方がいい。もう一つ、明治から昭和に活躍したというジャーナリスト・茅原華山の大正十五年の七言絶句でこれが難物だ。

移棹休揺湖底天　芙蓉如夢蘸華巓
不関咫尺海濤壮　白鳥白帆相伴眠

読み下し〈棹を移して揺かすを休めよ湖底の天　芙蓉夢の如く華巓を蘸《ひた》す　関せず咫《し》尺海濤《せきかいとう》の壮なるを　白鳥白帆相伴ふて眠る〉を読んでもわからない。私の解釈は〈舟の棹を止めて湖面の揺れを休めよ　白芙蓉は夢の如く峰を浸し　壮なる波も関せず　白鳥は白帆を伴ない眠る〉としたが。

ここには弁天島温泉があり、せっかくだから入ってゆこうとホテルで申し込むと入浴だけでもOKで千円。タオルを借りてエレベーターで上がった五階大浴場は誰もいない。

ふうー……。

身を沈めて脚を伸ばせば極楽極楽。目の前いっぱいのガラス窓からは海に立つ鳥居が遠望し、群れ鳥が舞う。青い海と赤い鳥居と白い鳥で一句ひねるかとも思ったがまとまらず、脱衣室の畳の台にタオルを広げて横になり、しばしオヤスミと相成った。

＊

そうして夕方になればすることは決まっている。酒だ。

浜松は空襲で灰燼に帰したがいくつか戦前の建築が残った。肴町の昭和二年の築という蔦に覆われる白煉瓦ビルは、二階バルコニーの手摺り装飾や大窓のコーニス（縁飾り）がアールデコ調でモダンだ。その一階、木壁を和風にしつらえた居酒屋「娯座楼《ござろう》」が私のごひいき。

元亀元（一五七〇）年、徳川家康は二十九歳で浜松に築城、四十五歳までの十七年を過ごし天下統一の礎を作った。海山の幸に恵まれた地がそれを育んだとして、浜松市は松島十湖の〈はま松は出世城なり初松魚〉から、「出世の街」として売り出している。私もちと遅いが返句してあやかろう。

句のヒントは味だ。〈浜松パワーフード〉と題した品書きは浜名湖産将軍うなぎ、御前崎黒むつ、舞阪はも天ぷら、磐田美味鶏、袋井新玉葱、と全く頼りになる。

「牡蠣は?」

「すみません終わっちゃったんですよ」

だろうな。しからば〈舞阪真鯛刺身と生シラス〉に由比の酒「英君」でスタート。添えた静岡山葵一本を根気よく自分ですりおろすのがまた楽しみ。次いで酒を沼津「白隠正宗」に替え、ピンク色満開の〈由比桜海老かき揚〉。さらに静岡「喜久酔」で満を持した〈浜名湖将軍アサリ酒蒸し〉は、店主自ら「当店はアサリにこだわり一定以上の大きさと味でないと出しません」と言うだけあり、直径なんと五センチの貝殻は蛤の如く、濃艶に濡れた味は家康大奥御局の年増肌か。

うーむ……。

感に堪えず盃を口に運ぶ気分は出世城に座すが如しで、返句を詠むことも忘れました。


(昭和二年築の白煉瓦ビルは建て替えられました)

9　舞子の浜の歌詠み──明石

神戸の西は古くより〝須磨から明石は松原づたい〟と言われ、浮世絵にも描かれた白砂青松の地だった。おだやかな保養地に適し、関西の大物実業家らが別宅をかまえ、その建物も多く残っている。

海岸を圧して高々とそびえるのは、舞子と淡路島を結ぶ世界最長三九一一メートルの吊り橋「明石海峡大橋」だ。遥かにそびえる主塔は海面上が東京タワーとほぼ同じ約三〇〇メートル、主塔間は一九九一メートル。真下に立てば橋は一直線に対岸の淡路島に伸びている。

淡路島かよふ千鳥の鳴く声にいく夜寝覚めぬ須磨の関守

源兼昌『金葉集』からとられた小倉百人一首の七十八番。千鳥は冬の淋しさを表すときに使うという。撰者・藤原定家の一首も淡路島を詠む。

来ぬ人をまつほの浦の夕凪に焼くや藻塩の身もこがれつつ

来ぬ人を待つと掛けた、まつほの浦は淡路島北の海岸で、今ここから見えている松帆浦のこと。定家はこのような叙情歌を好み「有心体」と称した。

橋の近代美と対照的に傍らに建つ、尖塔をのせた八角形三階建ての洋館「孫文記念館〈移情閣〉」は、紺碧の海を背に浅葱色が美しく、三角破風の玄関脇に今出てきたように孫文の銅像が立つ。一九一三年、来日した孫文に神戸の政財界人や華僑は「松海別荘」で歓迎会を開き、その後この移情閣を増築。離日の新聞記事〈月清き夜　孫文別離の宴乎今何處にこの國風を誦すらん〉は、当時の知事が贈った歌を載せた。

つまれても猶もえいづる春の野の若菜ややがて花ぞ咲くらん

三民主義を唱え、日本を第二の故郷と言った孫文の、一九二四年神戸で開かれた日本最後となった講演会は、日本はアジアにおける立場の重要性を自覚し、欧米列強のような侵略的覇道ではなく、アジアの諸国と協力して新しい平和な世界を創るよう「大アジア主義」を呼びかけ大きな感銘を生んだ。今も神戸では孫文敬慕が続き、記念館では講演やシンポジウム、林同春記念・孫文記念館学術賞授賞式などが続いている。

私に孫文の名を教えたのは父だ。戦前、朝鮮の京城師範学校を出た父は、卒業後の義務で日本人学校で教えていたが、当地の日本軍国主義教育に嫌気がさして中国に転任、私新聞を発行するなど、日本と中国の掛け橋たらんとしていた。敗戦後収容された北京の日本人収容所で「三民主義研究会」をつくり、師事した北京大学の先生に、収容所で生まれた私の命名を頼んだ。先生は兄の名（行彦）、母の名（和子）を聞き、「和彦」と名づけた。日本引揚げ後も藤沢に住む先生とは、賀状のやりとりなど交流を続けていたという。

波静かな冬陽の明石海峡沿いの舞子公園は、千鳥ならぬ鳩の群れが羽を休め、釣り糸を垂れる人もいて穏やかだ。この穏やかさが実業家を休めさす別宅地になったのだろう。

松林の一角に小屋根を伏せた明治天皇の歌碑がある。

播磨せき舞子の浜に旅寝して
　見し夜恋しき月の影哉
あしたづの舞子の浜の松原は
　千代を養ふところなりけり
播磨せき舞子の浜の浜松の
　かげに遊びし春惜しぞ思ふ

自由行動ままならぬ明治の御代の天皇が七回も訪れたのはさぞ気に入ったのだろう。見し夜恋しき、かげに遊びし、は個人の心情吐露がほほえましく感じられる。

舞子公園海べりの明治四十年築の木造洋館は、三井銀行を経て鐘紡を日本有数の企業に育て、衆議院議員も務めた武藤山治の旧邸で、コロニアル様式二階に張り出した丸いバルコニーが優雅だ。緑大理石の暖炉上や階段踊り場に掛けた油絵も相当良く、二階奥の書斎は壁一面が洋書で、美術収集や読書など関西実業人の文化的余裕が見える。広い

明治天皇歌碑

客間はダンスをしながら庭に出て行けた。今もいろいろなサロンコンサートが行われるようで、たくさんの案内ちらしがあった。

＊

さて目指すは、明石駅先の「うおんたな」と読む「魚の棚」商店街だ。アーケードは大漁旗が天を覆い、左右にずらりと並ぶ鮮魚店からは、明石海峡「昼網」の鯛、蛸、穴子などの売り声が威勢よくひびく。その中ほど「たなか酒店」奥が〝日本一の立ち飲み〟「たなか屋」だ。

開店五時の三十分前には人が集まり始め、ぞろぞろと入店開始。重なる酒ケース脇の、人ひとりようやく通れる通路突き当たりの古い倉庫のような中にカウンター、厨房、酒保冷庫などを設け、たちまち満員電車の如くだが、私はこういう時の現場判断が素早く、入り口あたりに立ち止まらずためらいなく進んで、L字カウンターの向こう角を確保。さらに注文も先んじるのが大切。ずらりと並ぶ大皿を一瞥。

「酒、来楽のお燗、煮穴子とタコ頭、あと水」

どうですこの注文。私が店を始動させた気持ちで、周りを尻目にひと足はやくツイー……。

浅い味付け煮穴子のふっくらした食感、振った山椒の香り。あえて頭にした蛸のやわらかな煮加減、甘み。酒もぐいぐい進む。しばし注文競争で列の後ろから大声も飛ぶが、店の人は沈着に復唱確認、殺気立つ客を余裕でさばいてゆく。

昭和六年創業のたなか酒店はコップ酒の角打ちはしていたが、二代目は、もっとオープンに、みんなで美味しい酒と肴を楽しみ、疲れを癒せる立ち飲みの構想を、三代目の息子に話しつつも他界。全国銘酒に没頭していた息子はそれを忘れず十五年後の平成十六年、父の言葉を店に掲げて開店した。

奥様はじめ、中で働く女性は皆美人。そこを屈強な男が支える活気が客の活気となって、テーブル代わりのウイスキー樽周りも立錐の余地もない。特筆は、明石のみごとな魚を生かし、なお新しい料理もどんどん取り入れる日替わり料理のすばらしさ。盛大に湯気を上げて届いた大鉢のグラタンに「それくれ」「私も」と、どんどん声がかかる。三代目がめざした「女性が一人で安心して来れる店」は全くそのようになり、一人で来ている中年おばさんの幸せそうな顔がいい。

「よく来るんですか?」

「そうよ、ここは私のオアシスよ」

聞いた店主の奥様が手を休めずににっこり。

舞子の浜の散策はいろいろなことを思い出させた。人はここに立つと歌を詠みたくなるのか。明治天皇もそうだったのか。そうして一杯やったのか。

日本一の立ち飲み「たなか屋」

10　港都文学の誕生――神戸

日本中を旅して歩くうち、次第に好きな街が定まった。

そのひとつが神戸だ。坂の多い街並み、異国的都会感、モダンな建物。

旧外国人居留地の海岸通に並ぶクラシックな神戸郵船ビル（現・神戸メリケンビル）、商船三井ビル、海岸ビル、至近に見える望楼塔のあるあたりは、椰子並木があればサンパウロかサントスか。

食べ物は中華。神戸は西洋とも中国とも交流の歴史がながく、市内至る所の中華料理店は、大きな店も小さなところも代々の味の個性をしっかり持ち、それぞれに常連がいる。横浜、長崎あれど中華料理の水準はまちがいなく神戸が日本一。私のなじみは十店、十五店ではきかない。

酒は居酒屋よりもバー。波止場から山手までいくつもある名バーは、東京のような頭でっかちの教則本的バーではなく、自分の個性を充分出しながら腕は一級だ。

そしてジャズ。日本にジャズが入ってきたのは神戸で、その伝統をつなぐ十月のイベント「ジャズストリート」も見た。北野坂のジャズクラブ「ソネ」もおなじみで、一日を終えたサラリーマンや年配夫婦、また一人女性が、グラスを手にゆっくりその日の演奏を気軽に楽しんでいるのは、東京あたりの難しい顔でジャズを聴くのとはちがい、いかにも日常的に洗練され、奏者もリラックスしている。

さらに何と言っても、大型船の行き来する外国航路の港であること。いつも港近くにホテルをとり、朝はメリケン波止場を散歩して来航、出港を見るのが楽しみだ。

このモダン都市神戸こそ、わが田舎の山国信州には全くないものだった。大学で上京して東京暮らしを始めると東京の都会感が好きになったが、四十歳を過ぎてやってきた神戸にすっかり魅了され、そうなると東京は味気ないビジネス街でしかなくなった。

今回は初めてのところに行ってみよう。

＊

電車の灘駅から少し山手に「神戸文学館」がある。建物は明治三十七年、キリスト教系の関西学院が建てた元礼拝堂で、交差点角の立派な赤煉瓦に三角屋根の白、十字架のチャペル尖塔はヨーロッパ田舎の教会を思わせ、文学館らしくはない。建築時にそれを見た今東光は自伝『悪童』に〈大根畑の白っぽい道の、垣根も塀もない草原に赤い煉瓦造りの礼拝堂が異国的な風景となって眼に映った〉と書いた。

中に入ると、木のアーチが交差する礼拝堂の礼拝椅子を取り払った木床にガラスケースの展示台が並ぶ。入場無料、今は私の他に見学者はいない。

神戸の文学者はどんな人だろう。一覧表には、小泉八雲、正岡子規、谷崎潤一郎、賀川豊彦、西東三鬼、稲垣足穂、横溝正史、大岡昇平、椎名麟三、野間宏、五味康祐、遠藤周作らの名が並ぶ。共通性があるような、ないような。

また神戸を描いた作家は森鷗外、幸田露伴、志賀直哉、吉川英治、獅子文六、島崎藤村、大佛次郎、横光利一、林芙美子、堀辰雄、石川達三、井上靖、菊田一夫、松本清張などなど数多く、神戸は作家にとって魅力ある町なのか。私は神戸と文学を関連付けて考えたことはなかった。

展示は時代背景と特徴、作家紹介と写真、著作本、引用文に整理されて見やすい。慶応三年、神戸沖に英米の軍艦十八隻が集結して開港した神戸港を通じて西洋の文人たちが外国の風を持ち込み、神戸独自の「港都文学」が醸成されたと始まる。

――江見水蔭は、浪漫的、叙情的な作風から出発して、探偵小説や冒険小説などの大衆文学を開拓する一方で退廃的な生活を送った作家で、口ひげをたくわえた写真はダンディな知的遊び人風だ。随筆「唐櫃山」の「六甲山の外国人街」は当時の神戸を書く。〈驚く可きは、それのみならず、行けば行く程開け渡って、其所にも此所にも木造ながら西洋館立並び、元居留地の一部を引き写したる観。（中略）西洋館はいづれも広々と庭園を囲入れ、泉水あり、築山あり、小亭あり、花室有り、運動場あり、練馬場あり、電灯の柱、水道の管、何から何まで設備が行き届いて居て、平地ですらも之までに、完全して居る市街は多く無い。唯驚くの他は有らぬのだ。〉

――来日外国人の文もある。日本文化研究家と肩書きされたヴェンセスラウ・デ・モラエスはポルトガル・リスボン生まれ。海軍士官としてアフリカなど植民地に赴任。明治三十一年退官して神戸に暮らし、日本人ヨネと結婚。日本文化を紹介する『日本通信』や、ヨネとコハル（ヨネの姪）を題材にした『おヨネとコハル』などを発表した。風貌は立派なカイゼル髭。著作『日本夜話』は布引の滝を訪ねた山頂に、住居を兼ねた粗末な山寺で、一人の尼僧が勤行に励みながら三十年近くも侘び住いしていると書く。

――正岡子規「月見草」の須磨紀行は当時の神戸を描写する。

〈藻汐垂れつゝ侘ぶといひし須磨は海水浴の名所と変じて、蜑が焼く煙と見れば汽車の過ぎ行く世の中、敦盛の塚は猶蕎麦屋を残し、古き家の檐端に疎き簾を垂れけるこそせめては昔を忍ぶたよりなれ。西須磨を西に離れて二の谷と三の谷の間に須磨館と呼べる旅籠屋は板塀の長さ一町に余りて松林の間処々にいくつも楼を造り、風呂場あり、球突場あり、小憩処あり、一棟を借るべく、一間を借るべく、一夜を宿るべく、一年を住むべく、賄を受くべく、自炊すべく、極めて客に便利を主とせり〉

須磨の変容を嘆く古典調の文は写生派の真面目か。

神戸文学の出発は都会のエキゾチシズムとわかった。大正に至り、発展する港町は西欧文明を取り入れ、地元の十一谷義三郎をはじめモダニズムの原点になっていった。稲垣足穂『タルホ神戸年代記』所収「神戸三重奏」の一節。

〈私が、当時神戸東郊外原田の森にあった関西学院中等部へ入学した時、校舎はまだ完成したばかりであった。（中略）異国の木々の香り、三角屋根をおおうた赤いスレート、その斜面に居並んでいる教室毎のレンガの煙突、屋内はペイントとワニスの匂いに漲って、初めて中学生となった私の感覚をそそり立てたものだ。〉

足穂の宇宙的幻想文学は神戸のこの建物で育まれたか。直筆原稿「兎と亀の本当の話」はわりあい律義に枡目に字がおさまるが、なぐり消した行もあり「兎がひと眠りしている間に亀が先行したというのは嘘で、兎は競争が馬鹿らしくなって棄権したのだ」という説を開陳している。展示のイナガキ・タルホ短編集『星を賣る店』初版本（大正十五年／金星堂）はファン垂涎だろう。

――大正十三年、川端康成らと「文藝時代」を創刊した横光利一は「新感覚派」と呼ばれ、この頃西灘にいた姉・しずこのもとに再三訪れて神戸の風景に親しむ。西灘の家に立ち寄って、姉一家三人と写真館で写した写真は、姉は着物、義兄はマント、利一は狐毛皮マフラー、幼い姪は毛皮襟の外套でモダンだ。「機械」「紋章」、神戸を回想した「家族会議」「旅愁」などを発表。自筆色紙〈橙の一つ下れる冬の海　横光〉墨書は孤独感がある。

――関東大震災を逃れて引っ越して来た谷崎潤一郎は、関西の風土、食物、風俗、芸能、女性の声や言葉に魅せられ、それまでのモダンな作風から古典的な作風へと変化し、「盲目物語」「蘆刈」「春琴抄」などを発表。私生活では二度の離婚ののち、大阪の商人の妻だった松子と結婚。関西移住は谷崎にとって大きな転機となった。

昭和十八年、「中央公論」に掲載が始まった『細雪』は軍部の圧力で休止したが、十九年、私家版として上巻を出版。その自筆補足原稿は、達筆とは言えないねっとりした筆太で、黒々と塗りつぶした修正は書き換え初文は読めず、朱で「別行　一五六頁第六行目ヨリ二五六頁第六行目マデノ間ニ挿入」とくくり、文章への執念が生々しい。

『細雪』は三度映画化され、私はすべて見た。

第一作は一九五〇年・新東宝。監督：阿部豊、配役：長女・蒔岡鶴子（花井蘭子）、二女・幸子（轟夕起子）、三女・雪子（山根寿子）、四女・妙子（高峰秀子）。

第二作は一九五九年・大映。監督：島耕二、配役：轟夕起子、京マチ子、山本富士子、叶順子。

第三作は一九八三年・東宝。監督：市川崑、配役：岸惠子、佐久間良子、吉永小百合、古手川祐子。

まさに時々の日本映画スター女優の勢ぞろいで、それをさせるこれほど適切な原作はないのだろう。第一作の高峰秀子はいつもとちがうアプレゲール役を楽しみ、第二作の京・山本の対比は見ごたえがあった。どちらも上出来だった二作をひかえた市川崑は総力を傾けた大作に仕上げ、トップシーンの四姉妹が豪華着物で並ぶ会席は最良の配役で絢爛たるものとなった。

開港がもたらした「港都文学」史は、たいへん充実していた。

＊

さて酒だ。今日はよく勉強した。丁寧に読んで数時間も飽きなかったのは、作家に神戸好きが多いと知り、彼らが神戸のどこに魅力を感じたのかへの興味が尽きなかったからだろう。

神戸の夜の飲み屋街は北野坂につながる山手の東門街だが、そこに並行する細路地、私の言う〝裏東門街〟は小さな店が軒を連ね、ぶらぶら歩きに良い。そのさらに横脇路地、道からやや退げた玄関の粗い土壁に「ばんぶ」の表札がある。細い丸竹縦格子の風情ある玄関戸を開けるとさらに重そうな鉄扉。それもエイヤと開けた中は、至極家庭的なカウンターだ。以前はじめて来たとき「入りにくい雰囲気ですね」と言うと「あまり酔っ払いに来てほしくなくて」とお母さんが笑った。

家庭料理とお酒の店。大皿料理の若緑の春キャベツに紅白のカニ身が美しい〈春キャベツ〉はおつゆもおいしい。ほこほこした〈新じゃがミンチ〉、注文を受けてつくる〈牡蠣と葱の炒め〉は洋皿にたっぷり豪快で、質も量もの家庭料理が頼もしい。酒は「夜明け前」。神戸で故郷信州の地酒を飲もう。

お酒を世話するのは娘の美幸さんだ。店をやろうと京都のおばんざい店などに通ってみたが、母のつくる味の方が良いと口説いた。母はプロが仕入れる東山の市場でいつも目端のきく買い物をする、知られた人だったそうだ。

お母さん・笙子さんは昭和十五年、中国・ハルピンに生まれ、状勢で戦争はもう負けるとわかっていた十九年に家族と郷里鹿児島に引揚げた。小学五年で母を亡くしたが、母の味を再現したくて料理を研究。その後福岡で育ち、この神戸に落ち着いて娘を育て、こうして娘の店を手伝うようになった。

そうか。外地で生まれ、その時々の地で様々を吸収してきたコスモポリタンが、この神戸に行き着いたのだ。それは、中国北京に生まれ、敗戦で母の郷里長崎に引揚げ、その後父の郷里松本で育ち、こうして神戸好きになった私と重なる。

港は人々が集まり、去って行くところ。その気風が「港都文学」を生んだのか。「港都」という言葉がいい。その街で傾ける酒がうまい。

11　VIKINGの世界——神戸

今日も神戸文学館に行こう。昨日はおよそ半分を見て、後半は残してきた。

山本周五郎も神戸で文学に志した一人だ。小学校卒業後、東京木挽町の質屋・山本周五郎商店の徒弟となったが、関東大震災後、神戸の雑誌編集記者となり須磨に滞在。その経験から書いた『須磨寺附近』が出世作となり一節が紹介される。

〈清三は大きな池のある広場へ連れて来られた、ここが須磨寺だと康子が云った。池の水には白鳥が群れを作って遊んでいた、雨がその上に静かに濺《そそ》いでいた。池を廻って、高い石段を登ると寺があった。そこには義経や敦盛の名の見える高札が立ててあった、〉

文末を〈～た〉で閉じるいつもの淡々とした描写が続く。展示される原稿用紙一枚の走り書きの手紙は〈前略。小生の印税、先付け小切手でもよろしいから、二十五日までに送って下さるやう、おねがひ致します。周　山本容朗様〉。山本容朗は角川書店に在籍した有名な編集者で自著も多い。かつて私は京都祇園四条の古い会員制バーに入り、〈寒い　周〉と書いた色紙を見たことがあった。

展示は昭和～戦後文学へと続く。港町特有のエキゾティシズムやモダニズムから深まった神戸の現代文学は、次々と新しい作家を生み出した。ある詩人が「神戸は船長文化」と言ったが、貿易商や船舶関係者の子供たちのなかから世に出た人が多く、田宮虎彦、遠藤周作らもその一人。神戸という風土は、作家たちの関心を集めるだけの十分な魅力があったと解説される。

ブラジル移民団の一員として神戸からかの地に渡り、約一ヶ月農場で働き帰国した石川達三は、神戸の国立移民収容所に集まった移住者たちが船に乗るまでの八日間を描いた『蒼氓』で、第一回芥川賞を受賞した。

〈一九三〇年三月八日。神戸港は雨である。細々とけぶる春雨である。海は灰色に霞み、街も朝から夕暮れどきのように暗い。三ノ宮駅から山ノ手に向う赤土の坂道はどろどろのぬかるみである。〉（『蒼氓』）

メリケン波止場には四ヵ国語で〈神戸港移民船乗船記念碑〉と書かれた碑と、父母と子のブロンズ像〈希望の船出〉が建ち、像正面には〈神戸から世界へ〉と刻まれる。

また神戸は「探偵小説発祥の地」で、かつて神戸の古本屋には、神戸に寄港する外国船で運ばれてきた海外の雑誌が山のように積まれ、神戸出身の横溝正史と西田政治はそこで海外の探偵小説を渉猟し、自らもその道へと進んだ。大正十四年、二人は当時大阪に住んでいた江戸川乱歩と機関誌「探偵趣味」を発行。六甲苦楽園で野外探偵劇「幽霊旅館」を公演した。

林芙美子は仕事を求めて神戸に来た。『放浪記』の湊川神社を訪ねた一節〈古ぼけたバスケットひとつ。骨の折れた日傘。煙草の吸殻よりも味気ない女。私の捨身の戦闘準備はたったこれだけなのでございます。砂ぼこりのなかの楠公さんの境内は、おきまりの鳩と絵ハガキ屋が出ている。私は水の涸れた六角型の噴水の石に腰を降ろして、日傘で風を呼びながら、晴れた青い空を見ていた。〉は、当時の芙美子を彷彿させる。〈文學界〉朱印のある『浮雲』生原稿（複写）は、文字がきちんと枡目におさまり、執筆の気迫が伝わってくる。

昭和十七年から終戦前日まで一〇〇回を超える空襲で神戸は灰燼に帰し、作家たちはその姿を通して戦争の悲惨を書いてゆく。井上靖の『三ノ宮炎上』は、三宮界隈を根城とする戦時下の不良少女たちが、昭和二十年の神戸大空襲による三宮炎上でそれぞれの道に分かれてゆく姿を書く。大岡昇平も「わが復員」で〈須磨舞子の青松白砂は源平合戦の昔と変らぬ風光明媚で我々の眼をうっとりとさせたが、鷹取から焼跡が始って来た。一望赭い土と鉄と化した原に、墓石ばかりが白い。(中略)わが復員者達は初めて焼跡というものがわかったのである。〉と書く。

戦後の神戸文学は戦中の抑圧を跳ね返すように「真の文学の復活」を合言葉に出発した。昭和二十二年に戦前の同人誌「三人」の残党、富士正晴らと伊東静雄周辺の島尾敏雄らが合同し創刊した雑誌「VIKING」は、特定の主義主張を標榜せず「解散即日再結成」の精神で庄野潤三、小島輝正、高橋和巳らが参加。新人を積極的に登用して多くの人材を育てた。

その一人、私には初めての名、久坂葉子は、神戸市中山手生まれ。川崎造船所や神戸新聞社創業者でもあった川崎正蔵の曾孫。昭和十八年神戸山手高等女学校に入学した頃から、作句や作詩を始める。卒業後、当時六甲に住んでいた島尾敏雄を訪ね、島尾の紹介でVIKINGの例会に参加。以後同人となり、富士正晴の指導を受け、小説も書き始める。「ドミノのお告げ」(昭和二十五年)で芥川賞候補となったが、昭和二十七年の大晦日「幾度目かの最期」を書き上げてみずから二十一歳の命を絶った。

その写真に惹きつけられた。ニットの帽子で煙草を手に斜に構えてはいるが、神戸きっての名家令嬢の育ちの良い気品を隠せない美貌だ。同人の憧れだったらしきは、古びた一冊「ＶＩＫＩＮＧ47　久坂葉子追悼号」から推察できる。彼女の十八歳の詩「こんな世界に私は住みたい」が載る。

こんな世界に私は住みたい、
肩書もいらず勲章もなく
人はそれぞれはだかのままの心でもって、
礼節だけはわきまえて、
男も女も仕事をし、
男も女も恋をして、
ひとりひとりの幸福を
ひとりひとりのねぎごとを
心にそっと小さくもって
一生かかって、みずからのためしつくす、

こんな世界に私はすみたい

名家に生まれ、何不自由なく育ったであろう多感な令嬢の清純な願いは、なぜ自殺に至ったのか。

展示はこの後、阪神・淡路大震災を克服する神戸文学を追ってゆく。

＊

さて今夜も酒だ。昨日も歩いた裏東門街を上った突き当たりは複雑な五差路で、この界隈が私の思う神戸の夜の酒の中心地だ。だいたいここで飲み終えて御帰還とするが、結局は台湾料理「金山園」の〈汁ビーフン〉か、うっすら緑色が透けてニラの香りがいい〈水餃子〉で〆ようとなり、そうなるとさらにビール一本。しこたま飲んだ後にうまいんだなこれが。事実ここは夜十一時を回るとどんどん混んでくる。今夜も気をつけねばナ。

神戸文学館にて
(写真提供：久坂葉子研究会)

五差路一角の割烹居酒屋「すぎなか」は、裏東門街途中の名店で十年修業した杉中さんが二〇〇八年に始めた店だ。私は修業中の頃から顔見知りだ。

構えはモダンながら店内はカウンターと四人机ひとつの端正な和風。一角の専用花台には常に生け花が。

「こんちは、去年も来たな」

「そうでしたね、まいどありがとうございます」

作務衣に、剃りあげ頭の大将・杉中さんは一見コワモテだが、笑う目は優しい。すばらしきはここの料理。日付入りでびっしりと手書きされた品書きは最後まで読むのに十分はかかる。まあやはり季節の魚からゆくか。酒をうまくするには……

「針イカと甘海老の醬油漬」

深くうなずいた大将は良いものを頼んでくれましたという顔だ。

「酒は……お、高砂がある」

「而今の蔵ですね」

いま三重の酒に注目していて、中でもこれはすばらしかった。「すぎなか」はあえてご当地灘の酒を置かず、地元に他県の酒を教えようと県外酒だけを並べている。

ツイー……

燗温度ぴったり。そしてつまんだ明石名産〈針イカ〉のすっきりしながら濃い旨み、そろそろ終いの〈甘海老〉は軽い醤油漬けがほどよく甘味を引き立てる。二つを盛った織部風の皿がいい。

「この皿いいね」

「母の作ったものです」

「え！　お母さん陶芸家？」

そうではないアマチュアと言うが、主人の背に左右幅四メートルほど、五段の棚にびっしり重なる、大小、かたち、土色、焼き締め様々な皿はすべて母の作で、最上段には大皿が数枚飾られる。店を持つにあたって母がすべて揃えてくれていたのだそうだ。ふぐ皮・蛸やわらか煮・のどぐろ胆土佐煮・自家製カラスミなど〈八寸〉が並ぶ角皿はさっと筆を走らせた草の絵がよく、出たばかりの初筍を丁寧に醤油刷毛塗りで焼いた〈焼きたけのこ〉には季節を知らせる大きな桜形に引っ掻きで桜を彫る。

それらの皿の多種多様に感嘆。それはまさに、わが子の料理を母の両手が受けているようだ。

「すばらしいねえ」

「ありがとうございます」

本当に嬉しそうだ。明石の生まれ育ちという大将に神戸人の気質を聞くが照れて答えない。それでも「神戸人は神戸愛が強いとよく言われます」と。

なるほど。今日も訪ねた神戸文学館で、神戸を愛し、神戸で創作を続けた文人の多さを知った。神戸を好きな人が多いということが、地元人をしてさらに地元愛を濃くさせているのだろう。

神戸のモダンで自由な気風は作家の筆をのびのびさせ、冒険もさせ、互いの交流も深めた。大手出版社がちらちらする東京ではこうはならず、またそれに反発もしたか。

若くして自死した久坂葉子は、そういう人々に囲まれ、純粋に純粋になっていったのではないだろうか。私は神戸が好きな理由の深いところを文学館で知った。

12　けんかえれじいと桃太郎——岡山

岡山駅前に、制服制帽、高下駄にマント姿で昂然と腕を組む学生の像が立つ。〈青春感謝　胸に無限の覇気あらば　守れ不屈の意気の香を〉

明治三十三年、岡山に創設された第六高等学校は、昭和二十五年廃校までの五十年間に国家有為の人材を多く輩出と解説。三年間の六稜生活は弊衣破帽、文武両道に励み、時に街頭に出て放歌高吟することもあったが「六高マン」の愛称で温かく見守られた……。

愛称・六高マンがモダンだ。気候温暖な岡山はどこかモダンな気風がある。アイビールック「VAN」で若者ファッションにブームをおこした石津謙介は岡山市の出身で、戦前に天津で洋服を学んだ。

私にとり岡山は、喧嘩修業にあけくれる学生・南部麒六の熱血と純情を描いた小説

『けんかえれじい』の舞台であり、作者・鈴木隆（一九一九〜九八）の故郷だ。角川文庫第一巻の和田誠の解説は鈴木隆から直接話を聞き、自伝の要素が含まれるとしている。二巻の解説・伊藤桂一は、岡山県人というのは本質的に明るく闊達な性格を持っており、作品にも当然、その味わいが底流すると書く。

小説は昭和十年頃が舞台。岡山二中（現・県立岡山操山高校）に通う南部麒六は、洗礼名アウグスチノとして日曜の教会礼拝は欠かさない。あこがれる下宿先の年上の娘・道子は清心女学校（現・ノートルダム清心女子大学）に通い、洗礼名テレジア。後に早稲田大学に進んだ麒六は児童文学研究会に入り「小さき花のテレジア」としたためられた道子の手紙を胸に中国戦線におもむき、道子は長崎の修道院に入る。

一九六六年に小説が発表されるとすぐ鈴木清順監督により映画化され、麒六を高橋英樹、道子を浅野順子、麒六の喧嘩の師・スッポンを川津祐介と、それぞれ最高の適役となった。麒六が入る、岡山二中（Okayama Second Middle School）OSMS《オスムス》団の合言葉は「オッス（OS）」と「ムッス（MS）」。派手な喧嘩を繰り返しながら軍事教練教官に反抗して岡山二中を退学になった麒六は、夜、下宿の前の道に出て、大声で「み」「ち」「こ」「さーん」と叫んでは一言ごとにパッと空中でつかんで飲み込み、会津に転校してゆく。その想いを知りながら麒六の部屋から出た道子はぴしゃりと障子を閉め、ややあって細い指で白い障子をぱさりと突き破る。純情がノスタルジックに胸をしめつける名場面だ。

かつて私は、登場する岡山カトリック教会を訪ね、名園・後楽園にわたる橋たもとのスッポンのモデルとなった人の自転車店を探し、市内から離れたカトリック墓地の鈴木隆の墓に手を合わせたことがあった。後発の岩波現代文庫版上巻の解説は鈴木隆のご子息で、「弱い者への故無き圧迫に対しては、何事にも、たとえ負けるであろうと思われても引かない父でした。とても潔い性格でした」とある。

映画は麒六が二・二六事件の首謀者・北一輝を見て心奪われ上京するところで終わり、その後鈴木清順は「続・けんかえれじい」の脚本を仕上げていたが映画化はならなかった。小説は中国戦線での麒六の「喧嘩修業」、孤独な軍への反抗を描き、最後は一人でそれを終えるのを暗示する。愛してやまない小説を生んだ岡山に私は特別の気持ちがある。

＊

岡山駅前にはもう一体、犬・猿を従え、雉を肩に小手をかざす桃太郎像も建つ。今日は少し足をのばし、桃太郎伝説の伝わる「吉備津神社」に行ってみよう。

市街地から離れると、おだやかな田園と茶碗を伏せたような童話的な小山が見え始め、新緑の山すそに桜が残り咲く吉備津神社参道の石段になった。上の本殿は檜皮葺きの屋根に千木を載せた入母屋造が二棟並ぶ「比翼入母屋造」、吉備津造とも言われる国宝だ。そこから下るながい回廊先の「御竈殿」は独特の「鳴釜神事（御釜祓）」を行う。

上田秋成『雨月物語』九編のうち「吉備津の釜」は、浮気者の男との婚儀を前に、釜の音が鳴れば吉、鳴らねば凶の御釜祓で占う。音は鳴らず、しかし婚儀は止められず、その後の顛末を書く。

私も体験することにして正座した御竈殿の正面には大竈が据えられてしめ縄が下がり、巨大な鉄釜の上の蒸籠から盛大に湯気が上がる。釜の下八尺には祭神「大吉備津彦命」が退治した鬼の首が埋まるといい、そのうなり声で吉凶を占う。しずしずと現れた烏帽子狩衣の神官が祝詞奏上を始めると、白装束の阿曽女（巫女）が蒸籠に米粒を落とし、やがて、ご～んという音が響いてきた。

終えた神官は私に向き直り言った。「音の意は聞く者の心にある」。私の「姪に第三子が宿り、男とわかっている、その安産を音に念じた」に「きっと桃太郎のような子であろう」とありがたい言葉をいただいた。

春も深まった吉備津神社境内は、最後の桜に弁当をひろげる老夫婦がいる。場所を示す石柱〈官幣中社吉備津神社〉は〈大正十季十月　犬養毅敬題〉。岡山に生まれた犬養毅の遠祖・犬養健命は大吉備津彦命の随神として吉備津神社のため尽瘁するところ多しと説く。吉備津神社の縁起として、大吉備津彦命が吉備平定のため温羅という鬼を討ち、その首を吉備津神社の釜に封じたのが桃太郎伝説の由来という伝承がある。

すこし離れて一〇メートルはあろうか、遥か高みに立つ犬養毅像は、銅像制作の第一人者・朝倉文夫の作。フロックコートで左手を後ろに一歩踏み出す、まことに堂々たる姿だ。明治政界の顕正にうって出て凶弾に倒れた犬養毅は、桃太郎伝説をわが身としたか。

*

岡山市内に戻り、のれんをくぐった「小ぐり」こそは、居酒屋通を自称する私が西日本一と推す割烹居酒屋。席に座った注目は、正面二メートル二段にわたる墨書長巻紙の品書きで、筆頭は〈割鮮〉。太刀魚焙り、貝柱焙り、ばちこ焙り、剣先いか糸造り、小ふぐ塩焼きポンズ、馬たたき、かき入り湯豆富、タコと白瓜生姜酢、黒和牛かつトリュ

高みに立つ犬養毅像

フ塩、貝柱とアスパラバター焼、蛤と黄ニラ雑炊、などなど。

昼は碑文をウンウンうなって読んだが、夜はこちらをウンウン睨み読む。今の時季、米いか酢みそ、イイダコ煮、ちんたい貝浜焼き、渡り蟹、黄ニラは欠かせないがすでに五品。とりあえず総社のトマト、最後はもちろん煮魚だが……。

にやにや見ている主人が、まあごゆっくりと出したお通し三点盛りは〈地ワラビなど春の煮浸し・ルッコラなど青野菜お浸し・天然平目昆布〆の手まり寿司〉。さればと頼んだ地酒「竹林」を湯釜で燗した瓢徳利でコポコポと。

『けんかえれじい』と「桃太郎伝説」は共通するところがあるのだろうか。桃太郎の末裔、南部麒六が赴いた中国戦場はかつての鬼ケ島だったか。

しだいに酔ってゆく耳に、再び吉備津神社湯釜の音が、ご〜んと響いてきた。

13

望郷の歌——鳥取

鳥取駅からまっすぐのびる若桜街道の正面、久松山（二六三メートル）はかつて山頂に鳥取城を頂き、海を望む眺望と堅固な防御は「日本にかくれなき名山」と言われた。明治の廃城後も山すそを囲む掘割や石垣は残って久松公園となっている。

その登城口、北ノ御門・宝珠橋のたもとに唱歌「ふるさと」の歌碑が建つ。初めて鳥取を訪ねた二十四年前、四十九歳のときにこれを見て大きな感慨がわいた。

兎追ひし彼の山　小鮒釣りし彼の川
夢は今も巡りて　忘れ難き故郷

大きな感慨とは、作詞・高野辰之は長野県出身で、私の故郷を詠んだ詞が、鳥取で歌

宝珠橋たもとに建つ「ふるさと」歌碑

碑になっていることだった。「兎追い」は北信濃の冬の行事で、その山も小鮒を釣った川も特定されている。詞は故郷の父母や友を思う二番に続き三番に至る。

志を果たして　いつの日にか帰らむ
山は青き故郷　水は清き故郷

青雲の志を抱いて上京、いずれは故郷に帰ろうという決意の歌と知る。この感懐は長野県から上京した私と全く同じだが、地方出身者の全員に共通する心情だろう。作曲の岡野貞一は鳥取県出身で砂丘の風景を愛したという。長野と鳥取、詞と曲、それぞれが自らの故郷を思い描いた歌は全日本人の望郷歌になった。

子供のころ教わった唱歌ほど尊いものはない。今もすらすらと歌えるのは幼時の記憶力のたまもので、折にふれて口ずさみ、心が清らかになる。

菜の花畠に入日薄れ
見わたす山の端霞ふかし

春をうたう「朧月夜」、詞は高野辰之、曲は岡野貞一。秋の情景をうたう「もみじ」も高野・岡野の作。

秋の夕日に照る山紅葉
濃いも薄いも数ある中に

私にはありありと光景が浮かぶ。絵の好きだった私はこの詞のように描いた。

私の母校・松本深志高校が戦前の松本中学時代、生徒から校歌を作ろうという機運が生まれ、在校生・松原威雄の書いた詞を先輩の臼井吉見が補作。校長が岡野貞一に作曲を依頼してできた校歌のメロディはまことに荘重にして気宇壮大、今も我々卒業生はつねに誇りをもってこれを歌う。文才ある松原は第二の島崎藤村と期待されて早稲田大学へ進んだが、病を得て早世した。

これらの歌をもって私は鳥取に兄弟のような親近感をもつようになった。来るのは三度目。市内には岡野貞一の碑をめぐる散策マップもある。岡野らの唱歌を顕彰する「わらべ館」を、今日はじっくり見てみよう。

＊

わらべ館の「童謡の部屋」は鳥取出身の音楽関係者を紹介している。

村岡範為馳《はんいち》（一八五三〜一九二九）はドイツで音響学を学び、東京音楽学校（現・東京藝術大学）校長として明治日本の音楽教育に尽くした。鳥取で講演を聞いた田村虎蔵（一八七三〜一九四三）は、〈子供の唱歌は子供の言葉で作るべき〉と、文語体ではない言文一致唱歌を提唱して「大こくさま」「きんたろう」「はなさかじじい」「うらしまたろう」「一寸法師」など数々のおとぎ唱歌を生んだ。

永井幸次（一八七四〜一九六五）はクリスチャンの父に教わった賛美歌で西洋音楽に興味をもち、自宅近所のアメリカ人宣教師ローランドに学んでオルガンを奏し、東京音楽学校に入学。その後音楽教師となり、大阪音楽大学を創立、県外演奏旅行を重ねて音楽文化の向上につとめた。

岡野貞一（一八七八〜一九四一）は、永井の弾くオルガンや鳥取教会で聞く賛美歌にひかれ、姉の勤める岡山キリスト教会の牧師アダムスに才能を見出され、東京音楽学校をめざして上京。在学中の永井が岡野を自分の下宿に同居させたのは、二級下の優秀な滝廉太郎に引き合わす狙いもあった。

明治五年に学制が公布されたが、国語、算術、習字などに比べ音楽教育は最も遅れ、政府は伊沢修二（一八五一〜一九一七）をアメリカで三年間学ばせ、彼の帰国後に創設された「音楽取調掛」から日本の音楽教育はスタート。当初は「灯台守」「蛍の光」「庭の千草」など賛美歌や外国民謡を用いたが、日本の唱歌を作る機運がおき、音楽取調掛を改組した東京音楽学校で教えていた岡野貞一や国文学の高野辰之らに「小学校唱歌教科書編纂委員」を委嘱し、「尋常小学唱歌」を編纂する。

岡野・高野は曲・詞の名コンビだったが、当時の表記は「文部省唱歌」のみで作詞作曲者名は載らなかった。岡野の子息・匡雄が子供のころ「桃太郎」を歌っていると「その曲はお父さんがつくったんだよ」とそっと明かしたという。

鳥取は音楽家を生む地だった。それは長野県同様、都から離れた清らかな自然風土が育んだと思いたい。あるいは豊かとはいえない辺境ゆえの純粋な向学心だろうか。

館内は鳥取出身者のみでなく、多くの唱歌作者が紹介される。

作曲では、海沼實「みかんの花咲く丘」「里の秋」「お猿のかごや」、佐々木すぐる「月の沙漠」「お山の杉の子」、中山晋平「てるてる坊主」「雨降りお月さん」「証城寺の狸囃子」「鞠と殿様」。作詞では野口雨情「十五夜お月さん」「七つの子」「赤い靴」「シャボン玉」「雨降りお月さん」「証城寺の狸囃子」、清水かつら「靴が鳴る」「叱られて」「雀の学校」。それぞれの顔写真はみな澄んだ目をしているのが印象的だ。

長野県人の私としては同県出身の伊沢修二、高野辰之、海沼實、中山晋平らを誇りたい。山国長野、山陰鳥取の風土は大人になっても忘れない名唱歌を生んだ。

＊

夜になって市内のパブ「ファルケンシュタイン」へ。ここはドイツ人の主人と大阪出身の奥様でやっている日本には珍しい本格ドイツパブで、直輸入のドイツビールはおよそ十種もある。

縁なし眼鏡がヘルマン・ヘッセに似た主人、ミヒャエル・ビアレックさんはドイツの子供時代に父から柔道を仕込まれ、コックで日本に来て黒帯になる。大阪で如何にして奥様と知りあったかは笑って明かさず、奥様はドイツ生活をなんども経験。店ではドイツ語と大阪弁で話が進む。

「ジャーマンポテト、おいしいですね」

「そやろ、これ食べなあかんわ」

会話の聞こえた調理の主人が「ダンケ」とばかりに片目をつぶって親指を立てる。「なぜ鳥取で」の質問には「気に入ったから」とあっさり。こだわらないコスモポリタンなのだろう。

しかしドイツは、ドイツリート＝歌曲の国。望郷歌はたくさんあることだろう。昔訪ねた、ドイツビールの祭典「オクトーバーフェスト」は、民族衣装ディアンドルの女性が片手に四つずつ大ジョッキを軽々と運び、酔ってきた客はジョッキを振って「アインプロージット、アインプロージット」と「乾杯の歌」を大合唱していた。

奥様に「ふるさと」をドイツ語で歌ってもらえばよかったなあ。

（ファルケンシュタインは閉店しました）

14 太宰治と珈琲——弘前

青森県弘前市は明治の洋館の宝庫。私は古い洋館が大好きだ。今日はゆっくり歩いてみよう。

明治六年、切支丹禁令が解かれると弘前ではすぐに布教が始まり、外国人宣教師の建てた教会はいくつも現役で残る。

明治八年設立、明治三十九年築の「弘前公会」（現・日本基督教団弘前教会教会堂）は、左右に四角塔が建つパリ・ノートルダム大聖堂に似るゴシック式。

明治四十三年築「カトリック弘前教会」は、高い尖塔を掲げる白亜のロマネスク様式。

大正九年築「日本聖公会弘前昇天教会教会堂」は、日本各地に西洋建築を造った米国人ガーディナーの設計で、イギリス積みの赤煉瓦ゴシック式が堅固に美しい。

弘前の棟梁・堀江佐吉は明治のはやくに函館や札幌で洋風建築を修め、明治三十七年築、左右対称が壮麗なルネサンス様式の「旧第五十九銀行本店本館」や「旧弘前市立図書館」「旧弘前偕行社」など弘前に続々と洋館を建て、国の重要文化財も多い。教会には佐吉の弟や子らも多くかかわった。

佐吉は、作家・太宰治の生家である五所川原の大旅館「斜陽館」も手がけ、赤煉瓦塀で囲まれた建物の洋風内装に腕を見せた。現在は「太宰治記念館」になっている。

＊

明治四十二年、青森県北津軽郡金木村（現・五所川原市）に生まれた津島修治（太宰治）の家は、「金木の殿様」とよばれた県有数の大地主だった。昭和二年、弘前の旧制官立弘前高等学校・文科甲類に進み、東北奥地ながら教会や洋館の多いモダンな町で青春期をすごす。

旧制弘前高校は北海道、東北、関東を中心に全国から学生が集まり、英語とドイツ語の徹底した教育を特徴として外国人教師を多く招き、彼らが家族と住むための洋館宿舎をいくつも建てた。市内はずれに現存する「旧制弘前高等学校外国人教師館」もその一つで、各室に暖炉があるのは北国らしく、学生の太宰も訪ねたかもしれない。復元移築された今は「弘大カフェ　成田専蔵珈琲店」。庭にある「太宰治文学碑」は、弘前大学が生誕百年を顕彰して建てたもので、こう彫られる。

〈私には、また別の専門科目があるのだ。世人は假りにその科目を愛と呼んでゐる。人の心と人の心の觸れ合ひを研究する科目である。私はこのたびの旅行に於いて、主としてこの一科目を追及した。　太宰治『津軽』より〉

書くなあ……。

ハイカラな弘前は、はやくからコーヒーに親しんだ。市内「かくみ小路」の「土手の珈琲屋　万茶ン」は昭和四年創業の東北でいちばん古い喫茶店だ。太宰は旧制青森中学時代にすでに小説を習作し、同時代の芥川龍之介や菊池寛、井伏鱒二に影響され、芥川の自殺に衝撃を受ける。弘前高校の仲間と同人誌「細胞文藝」を発行するも一年半後、最初の自殺をはかった。その学生の日々にこの喫茶店があったのか。

私もそこに座った。店は数度移転しているが天井から下るシャンデリアは創業当時のものという。一角にさりげなく太宰の写真と文庫本を置き、カウンター前の棚には石坂洋次郎、井上ひさし、奈良岡朋子の色紙が並ぶ。太宰研究の集まりのポスターもある。

静かにクラシックが流れる品のよい店内は買物帰りらしい女性や、読書する婦人が座り、日常にコーヒーでひと息入れる習慣が根づいているようだ。サイフォンで一杯ずつ淹れる「太宰ブレンド」をゆっくりすすると、ストレートな苦味の中に深みを感じた。

もう少し歩いてみよう。

＊

弘前に設置された陸軍第八師団は、時代の最先端の東京の食べ物や着る物を取り入れて町をハイカラ化させた。大正天皇の行在所ともなった「旧弘前偕行社」は、陸軍将校の華やかな社交倶楽部で、ルネサンス式建物を見るのを楽しみに来たが、平成二十五年からの保存（復元）工事中で入れない。

その先の、弘前高時代の太宰が三年間下宿した「旧藤田家住宅」は「太宰治まなびの家」として公開されている。一階は通り土間をはさんで左右に幾つも部屋が並び、太宰の部屋は二階の角の六畳間で、見下ろす庭の眺めがよく、最も上部屋と思えるのは実家への配慮か。勉強机、茶箪笥が残り、鴨居に架けた学帽とマントが雰囲気だ。

展示される二十枚におよぶ太宰の写真に目を見張った。絣の着物に同じアングルで、顎や額に手を当ててポーズや表情を変え、視線を送ったりはずしたり、机に両肘を突いて振り向いたり、着替えた学生服姿もある連作だ。

これは下宿先の藤田家の長男で太宰より三歳下、十六歳の藤田本太郎が、当時高価なカメラで、仲良くしてもらっていた太宰をその二階の部屋で撮影したものだ。藤田は後に京都大学に進み弘前高校でながく歴史を教えた。

写さんとしているのは文学好きの下宿生をイメージした「苦悩する作家」か。はじめは茶目っ気だったのが次第に生の人間性が現れ、斜に構えて上目遣いに甘えた表情や、相手を覗き込むような一枚などは、構図も光の角度も写真としてとても良く、デザイナーとして写真家との仕事が長かった私は本物の人間性が写っているものとわかる。

また一角に展示される同人誌「細胞文藝」に目を見張った。普通文芸同人誌の表紙は地味に文字くらいだが、こちらは絵柄も入り、地方とは思えないデカダン味もあるモダンなデザインで、しかも毎号異なるのに驚かされる。「創刊號」の表紙は〈俺達ハ細胞ノ持ツ無氣味ナ神秘性ヲ愛スル〉の字が踊る。

さらに書簡。金木町に夏季帰省中の太宰が藤田本太郎に宛てた手紙〈余モカツテハ試験ニ苦シミシモノ、ナポレオンモカツテハ試験ニ苦シミシモノナリ……〉は試験に悩む藤田への激励か。

授業中にノートに書いた落書きがいい。繰りかえす「津島修治」の筆跡は自分は何者なのかを探っているようだ。英文が囲む西洋人の似顔絵はその教師か。とがった顎に鋭

太宰がノートに書いた落書き（太宰治まなびの家所蔵）

い目の人物は芥川龍之介のようでもあり、線描デッサンは画才をわからせる。

仲間と繰り出して芸者を呼んで遊んだ写真は〈女たちとのやりとりはひとかどの遊び人〉と解説され、〈高校一年の秋ごろから太宰の生活は乱れ始める。青森市の花街に通い、ここで最初の妻（入籍せず）となる芸者紅子と出会った〉として芸者姿の小山初代（紅子）の写真を添える。

弘前の洋館巡りは、いつしか太宰にたどりついていた。

＊

繁華街をはずれた居酒屋「土紋」の紺暖簾をくぐった。

「太田さん、おひさしぶりです」

私は顔なじみ。ここは蔵元直送で弘前の地酒「豊盃」だけを全種置く。

さて、ウ〜ン……。

「生、どうですか、純米吟醸生があります」

「それだ」

今封を切った香り立つ生酒燗のうまいことよ。

ご夫婦はともに会社員だったが「人に使われてるのが嫌で」と三十五年前に居酒屋を

始めた。私は微笑みの絶えない奥様の大ファン。「お酒は造る人の人柄がでます」の言葉がいい。

　お通し〈ホッケの団子汁〉をまず。北国のもてなしの第一は温かいものだ。帆立の貝殻で葱・帆立・味噌を煮て玉子でとじる〈貝焼味噌〉は欠かせない。

　青森はイカをイガと発音し、イカげそを叩いて玉葱とまぜ、玉子でつないだメンチカツ〈いがめんち〉は弘前だけの家庭料理。普通は揚げるがここでは焼いて出し、香ばしさがいい。いずれも手近に手に入るものをおいしく食べさせようという津軽の母

居酒屋「土紋」

の味、と奥様が語る。

フウー……。

二本めの純米しぼりたて生原酒の燗はさらに旨み深く、津軽の情の濃さか。

十八歳から二十一歳の弘前高校時代、青春の太宰は酒を飲み、よく遊び、文学に没頭した。私も田舎の高校時代は絵やデザイン、下手な文章を日誌に綴っていた。誰にもある高校時代の懊悩、劣等感、強がり。はやくも酒を飲んでいた太宰の机に〈いがめんち〉もあったかもしれない。

15

小泉八雲と川端の居酒屋——松江

出雲大社に参拝してから一畑電車で東の松江に向かった。コトコト走る小さな車両から、庭の畑を手入れする老婦人や、立ち止まり一服して電車を眺める老人が見える。右にひろがる宍道湖の、風の箒で掃くようなさざ波はおだやかそのものだ。

日本海に沿って東西に長い島根半島は、東の境港の首ひとつで中海になり、さらに西に大橋川が細く結んで宍道湖になる。中「海」、宍道「湖」は見える印象を表すか。そそぐ伯太川、飯梨川、田頼川、意宇川、来待川、斐伊川、佐陀川。山手の阿太加夜神社、揖夜神社、佐爲神社、黄泉比良坂、韓竈神社、鰐淵寺などの名は古代神話を思わせる。中海と宍道湖をつなぐ頸木が松江だ。

松江に来たのは小泉八雲の旧居を訪ねるためで、少しおさらいをして来た。

小泉八雲（ラフカディオ・ハーン）は一八五〇年ギリシャのレフカダ島で生まれ、二歳でアイルランドに移り、フランスの教会学校に入学の後、イギリスの全寮制神学校に入学するが、厳格な宗教教育と僧侶の偽善的振舞いに疑念を抱く。十六歳で左目を失明。養育していた大叔母の破産により神学校を中退し、赤貧のうちに十九歳で単身アメリカに移民。図書館で学びながら新聞記者として文才を発揮、白人社会ではない文化を求めてカリブ海マルティニーク島に移り住む。

ニューオーリンズの万博で日本文化に出会い、英訳『古事記』を読んで来日を決意。一八九〇年、四十歳で特派記者として日本の土を踏む。松江で英語教師、熊本で第五高等中学の教師、神戸で「神戸クロニクル」の記者、東京帝大英文学講師（後任は夏目漱石）を務め、早稲田大学でも教壇に立った。地球を半周してきたコスモポリタンは日本を最後の地として十四年を過ごし、一九〇四年、五十四歳、帰化日本人として日本式葬儀で没した。

松江に住んだのは一年二ヶ月。身辺の世話をした娘・小泉セツとすぐ結婚し、山陰の霊的生活、神社神道などに触発され『知られぬ日本の面影』『心』『仏の畑の落穂』『霊の日本』『影』『日本雑記』、妻セツからの聞き書き『怪談』などさまざまな著作を著す。

＊

八雲が住んだ松江城の壕沿いの藩士・根岸家の武家屋敷は当時のまま残り見学ができる。私は二度目だ。

屋敷門を入った玄関に続く三部屋を囲む庭を詳しく描写した八雲の「日本の庭園」を引用した解説板がある。

〈……そこには苔の厚く蒸した大きな岩があり、水を容れて置く妙な格好の石鉢があり、年月の為め緑になった石燈籠があり、また、城の屋根の尖った角に見るような――その鼻を地に着け、その尾を空に立てた、理想化した海豚の、大きな石の魚の――シャチホコが一つある。古木がそれに植わっている微細画式の小山があり、花の灌木が蔭を与えて居る。川土手のような、緑の長い傾斜地があり、小島のような緑の饅頭山がある。青々した斯ういう高みは総て皆、その表面が絹の如く滑らかな、そして川の紆余曲折をまねている。淡黄色な砂の地面から高まって居る。……が、その砂地は、まさしく小川を横に渡る踏石のように、次から次とやや不規則な距離に置いてある。荒く削ったままの平たい幾列かの石を伝って、種々な方向に横ぎることができる。全体の感銘は、ある眠くなるような物寂しい気持の好い処にある。ある静かな流れ川の岸の感銘である〉

建築的、図面的な西洋庭園とは全くちがう、自然を集約再現した庭を初めて見た説明は初々しく、〈ある眠くなるような物寂しい気持〉と神髄をつかむ。

　玄関から通じた縁側角に腰をおろして庭を眺め、その描写を一つひとつ確認した。〈年月の為め緑になった石燈籠〉は今も立ち、〈やや不規則な〉飛石が〈理想化した海豚〉に導く。頃あたかも八雲の愛したサルスベリが赤い花をつけて上を覆い、下の池の睡蓮も花が開く。囲む土塀の外は竹林だ。

　隣の十畳居間の額は日清戦争後に副島種臣が揮毫した〈厲志図報復〉。続く六畳書斎との欄間絵は「老松」と「武蔵野の薄」が表裏する。書斎の額は山岡鉄舟〈水沈香裏錦雲深處〉。床の間脇下に設け

小泉八雲が住んだ武家屋敷縁側

た半円の明かり取り障子が風雅だ。隅の椅子の洋机は普通より二〇センチほども天面が高く、片目の視力を補うため目をこすりつけるように執筆した。

来日した八雲が最初に住んだ松江は、古き日本がまだよく残り、日本人にとっても古来の伝承を伝える貴重な著作となったのは、西欧人の目があったからだろう。

＊

夕方、なじみの小さな居酒屋「やまいち」を訪ねた。私の理想の居酒屋に「橋のたもと」があり、中海、宍道湖をつなぐ大橋川にかかる新大橋たもとのここがそれだ。宍道湖七珍（スズキ・モロゲエビ・ウナギ・アマサギ・シラウオ・コイ・シジミ）はつねにあるが、今日はおでんからいこう。

中に立つのは頭に手拭い巻きの若大将とお母さん、その妹の三人。以前は創業の父も立ち、私は酒焼けした赤ら顔の父と気が合い、カウンター席に並び座って話したこともあった。七十三歳で亡くなられた後に訪ねると息子の若大将が、昭和六十一年に父が作った〈開店十九年挨拶状〉を見せてくれた。なぜ十九年かというと、父は一月十九日生まれ、母は二月十九日生まれ。よって十九尽くしとして六月十九日付けで作成。十九年のお礼挨拶に続き「主人略史」が記される。

一、昭和九年一月十九日生。時に世は不景気の極に有り、満蒙の戦火の兆。外は猛吹雪也。

一、幼少、階上より土間に墜落。為に頭部に十九針縫合手術（筆者注、ここにも十九）。これにて神童の誉より、一挙に凡児に転落。

一、十二歳、白皙豊頬也。赤山に学ぶ。時あたかも敗戦の混乱著しく、食に貧すも、セーラー服の女学生の楚々たる姿、眼前に徂徠して、為に勉学の志、蛍雪の憧憬ともに甚だモーロー模糊として雲散霧消し、向学の大望を為すことなく已む。

一、二十歳。帝都の漂客として狭斜の巷に入る。春風駘蕩也。

一、三十歳。棟割長屋の貧乏人の小娘らしからぬ蒲柳の質に迷い、妻二子を娶る。幸也。

一、四十歳。五十歳。青草菁々也。

一、六十歳。某月某日、酔余巷に窮死するか。これ幸也。

やまいち店主　歯亡舌存山人

歯すでに亡きが、口舌存り。——簡潔にして己を揶揄肯定する心意気。蓋し、名文と言うべきか。

その父の母（若大将には祖母）は大橋川の舟着場で、舟待ちのうどん屋から始めた居酒屋「おでん庄助」を娘（父の姉）とやっていた。娘が嫁いで父は母の店を手伝った。松江の頑固者を「きこ（気固）」と言うが、祖母と父はまさにその「きこ」同士で、二人は大喧嘩。ついに祖母は「この川を二度とまたぐな」と父に引導を渡す。その後父は転々。対岸に空いていた麻雀屋に縁あって、自分は二階の雀荘、一階は、結婚した奥様と自分の妹二人の女三人で居酒屋「三姉妹」を始めた。その妹も嫁ぐと雀荘は閉め、名を「やまいち」と改めて、奥様と居酒屋に専念した。

祖母と父は意固地になっていたが、父に子供（若大将）が生まれると、祖母は孫見たさにこっそり川をまたいで子供服をもってきた。旅行などで父がいないのを見計らってはこそこそ来ていたが、孫が三歳のとき亡くなった。父の妹の一人が祖母の店「庄助」を継ぐと、それまで往き来のなかった川向い同士はしょっちゅう往来するようになった。私はそうとは知らず、対岸の庄助で川を見ながら一杯やったこともある。

「へー……」

盃を止めて若大将の話に聞き入り、ようやく一杯ふくんだ。

「その話はお父さんから聞いたんですか？」

「そうです」

「きこ」にして、洒脱な「略史」を配った父は来年十三回忌。若大将は妹を大学にやるため、酒煙草はやめたそうだ。

川をはさんだ二つの居酒屋は、八雲よりは山本周五郎の人情話を聞いたようだった。

（やまいちは近くに移転）

16　墨堤の桜――浅草

桜は開花したが数日寒く、今日あたりが見ごろだろう。

目前にスカイツリーが迫る浅草吾妻橋たもとは、花見の人でいっぱいだ。橋から眺める墨東側は頭上に並走する首都高速6号向島線がいささか邪魔だが、墨堤の桜はまさに満開。花見客には外国人も多く、人気のレンタル着物は男も盛んで、黒足袋・草履と本格に赤や青の派手な羽織で写真を撮りあう。

吾妻橋を渡ると北十間川の水門になり、手前の枕橋の、黄色いへちまを長く伸ばして灯を乗せたような親柱は愛嬌がある。脇の小さな高札には、池波正太郎『鬼平犯科帳』に枕橋の蕎麦屋「さなだや」で平蔵が怪しい男、大盗・蛇《くちなわ》の平十郎を見て追う、とある。池波は浅草に生まれ、青年期まで台東区で暮らし隅田川は身近だった。あちこちにある「鬼平情景」の高札は、この地を舞台にした一節を紹介している。

水戸徳川家下屋敷跡の隅田公園は、「ひょうたん池」を囲む池泉回遊式庭園で花見の宴が真っ盛りだ。天気もよい土曜の今日は見ごろの花がベスト。大きく広げた敷物に車座無礼講だが、脱いだ履物をきちんと揃えているのが奥ゆかしい。大人の花見酒をほったらかして、並ぶ座の間を走り回る子供たちが楽しそうだ。

その先「牛嶋神社」境内の自然石に彫り込んだ狂歌碑は達筆だ。

いそかすは濡れまし物と夕立のあとよりはるゝ堪忍の虹

作・談洲楼《だんじゅうろう》烏亭焉馬《ていえんば》は江戸落語中興の祖と称され、狂歌や戯文をよくし、「談洲楼」の号は五世市川團十郎と義兄弟の契りを結んでつけた。元禄時代に話芸として確立した落語はその後衰えたが、天明四（一七八四）年に向島の料亭武蔵屋で焉馬が自作自演の「噺の会」を開いて復活の途をつけた。この碑は文化七（一八一〇）年、自身が建てたもの。江戸っ子といえば落語。落語は洒落。焉馬の本業は大工棟梁で「鑿釿言墨曲尺（のみちょうなごんすみかね）」とも号したのもそれか。

少し歩いた牛嶋神社の、文久二壬戌正月と微かに読める古い石鳥居の先はさまざまな石碑がいっぱいだ。ひときわ高い大碑は〈北条時宗偉功碑〉。〈大日本在大地之東大陽之所先照秀靈之所鍾民冨士勇其君則聖……五洲萬國不多見其比也於是隣國恐怖莫肯來窺者嗚呼……明治十八季三月　内閣大書記官従五位勲五等金井之恭書　従二位勲二等公爵毛利元徳篆額〉

えんえんと続く謹厳荘重な漢字を丹念に目で追ってゆくとなんとなく雰囲気が感じられてくるのが碑文の妙味。〈日本は東の太陽の照らす処に在り……〉これは国粋主義か。隣は〈慰霊　庖丁塚〉。台座に大きく横たわるのは神社ゆかりの牛で〈人の世の奉仕に生きる牛黙す　周魚〉の賛が入り、東京食肉卸協同組合、芝浦臓器協同組合などの名が刻まれる。境内には他にも牛の石像は多く、どこかのどかな農耕的雰囲気がいい。

さらに先の三囲《みめぐり》神社前にも高札「鬼平情景」が立ち、『鬼平犯科帳　迷路』に〈境内は広くはないが、美しい木立と竹林に囲まれ、本社は立派〉と書かれるとある。池波はまめに当地を歩いて江戸を身近にさせようとしたのだろう。

その三囲神社は三井家が江戸に進出して以来、三井の霊社となり、三井物産・三井銀行・三井鉱山・三越の交替で年四度、祭祀を行うとある。神社に似合わないライオン像は、大正三年、三越呉服店を率いた日比翁助が三越本店に据えたことに始まり、ライオンが東洋で狛犬に転じたように神前を守る。牛嶋神社は牛、三囲神社はライオンだ。
境内には句碑、歌碑が多い。

水音や花の白雲冴かへる　林甫
遠波や春の月夜を載せてよる　對松館
きぬぎぬの浅黄桜と見しや夢蝶の羽袖に残る艸の香　山蝶

のどかな春を詠んだ碑が多いのは花見の名所ゆえか。一方〈雨乞の碑〉も。

遊ふた地や田を見めぐりの神ならば　其角

元禄六（一六九三）年は大変な干ばつで、小梅村の人々は三囲神社に集まり、鉦や太鼓を打ち雨乞いをした。折りしも神社に詣でた俳人其角は能因法師の雨乞い故事にならいこの句を詠み、後の自選『五元集』に「うたえば翌日雨降る」と書くのは、雨乞いになったと言いたかったか。其角は芭蕉門下第一の高弟として洒落風の句を得意とした。

碑は安永六（一七七七）年建立、明治六（一八七三）年再建。

石碑は文意とはべつに見た目の美しさも観賞する。〈山彦秀翁〉は草書が美しい。〈富士と筑波の山あひに生まれ出でたる江戸一流の河東節は連綿として十一代山彦秀翁に至り……妙技神に入りて絶えて所謂藝人肌なるものなく気随気儘の畸人として殆ど廃絶せんとする此流を……大正八年四月十一日江戸桜咲き匂ひて浅草寺の鐘……〉。

流麗な筆字は語る内容にふさわしく、ちょうど今の〈江戸桜咲き匂ひて〉をうれしく読んだ。さらに歩いたX形の桜橋のたもとには〈墨堤植桜之碑〉として、四代将軍家綱が始め、八代吉宗が進めた隅田川の桜植樹が書かれる。野口雨情がこの地で詠んだ〈都鳥さへ夜長のころは水に歌書く夢も見る〉の歌碑もある。

＊

すこし戻って言問橋の半ばに立つと満開の桜が両側に一望となり、橋下の隅田川には大きな屋形船がいくつも動かず浮かんで花見宴だ。墨堤の桜は「江戸の華」。渡った対岸も花見茣蓙で立錐の余地もなく、ビールを手に膝をかかえて笑う娘たちがいい。こちらも碑が多く、四角黒御影石の句碑は水原秋桜子だ。

羽子板や子はまぼろしのすみだ川

謡曲「隅田川」は、生き別れた子を探す母が隅田の渡しで子の死を知る。羽子板は子のために持っていたものか。

雪の日の隅田は青し都鳥　子規

子規は対岸墨東の長命寺桜もちの店に下宿していた時期があった。隣に流麗に綴られる碑は歌曲「花」。

春のうららのすみだ河
上り下りのふな人が

明治三十三（一九〇〇）年の作。碑文も直筆した作詞・武島羽衣は東京音楽学校教授の二十八歳。作曲・滝廉太郎は助教授二十一歳。

いちばん好きな一曲をと問われればこの「花」と答えたい。詞を口ずさむたびに平和でのどかな情景が浮かび、何かで読んだ「明治という時代は明るかった」という言が素直に感じられる。そしてこの歌いやすさは、メロディーの高低が歌詞を素読したときの抑揚と一致しているからと気づいた。

錦おりなす長堤に
暮るれば昇るおぼろ月

時まさにおぼろ月も昇るころ。そろそろ花見ついでの碑文めぐりも終曲としよう。

隅田公園の「花」歌碑

＊

浅草観音裏の居酒屋「ぬる燗」はなじみ。先日は十五周年祝儀の手拭いももらった。

「今日はなんですか？」

「ん、花見」

さもありなんとニヤリと笑う主人は大の浅草びいき、それも観光客の来ない地元・観音裏専門だ。さて酒。彼いわく「作り手の人柄で選んだ」全国最新鋭の名酒がそろう。

「うーむ……澤姫」

またしてもニヤリは「言うと思った」か。

ツイー……。

うまいのう、春のぬる燗ほどいいものはないな。合わせた〈メバチ鮪赤身漬け〉はさっと湯通しで外が紙一枚白いのを厚切り。香り高い〈赤貝〉刺身は春の到来だ。一人花見の夜は居酒屋に限る。牛嶋神社に行ってきたと話すと大祭は牛が練り歩くのだそうだ。

六本木や麻布などにモダンなトレンディ居酒屋が出来始めて話題を呼んだころ、彼はきっぱりとこの観音裏に、七〇年代歌謡曲が小さく流れるまことに古くさい店を開いた。やがてモダンな店が消えてゆく中、いつしかここは本当の居酒屋好きが黙って集まる店になっていった。

　二本目の「御山杉」がうまい。春に桜を愛でる心は、時代が過ぎてもそう変わるものじゃないな。

「太田さんもうちに十五年通ってますよ」

　そうだったかなあ。まあ、ゆっくりやるさ。春宵一刻値千金。

　　げに一刻も千金の
ながめをなににたとふべき

居酒屋「ぬる燗」

17 文人をたどる――鎌倉

鎌倉は三方を山に囲まれ、数多い寺はその奥まで続き、訪ねて上る林間の道が気持ちを浄化させる。

小さな北鎌倉駅を出た正面に円覚寺の案内がある。この寺は広い敷地の山奥まで、方丈、書院、鐘楼、舎利殿などが多数点在。帰源院、松嶺院、蔵六庵、佛日庵などの庵は、明治以降に著名な文人が長期滞在し、多くの作品を残した。

島崎藤村は明治二十六年夏~秋にかけて約一ヶ月、帰源院に滞在し、小説『春』『桜の実の熟する時』に描写した。翌年、夏目漱石も二週間ほど滞在、『門』『夢十夜』に描写。蔵六庵には野口米次郎。松嶺院には葛西善蔵、有島武郎。佛日庵には川端康成、大佛次郎が訪れ、それぞれ『千羽鶴』、『帰郷』を。円覚寺はまさに文豪の書斎となった。

ここは禅宗で、中央の仏殿は斗栱で囲まれた高い白木天井に墨で描いた、前田青邨監修・守屋多々志作「白龍図」がダイナミックだ。朱の蓮台、金の唐草風光背の本尊は、カッと見開いて睨む眼力があり、〈今上天皇聖壽萬歳〉の小札が置かれる。

本座左奥に二体置かれた、鎌倉時代末期の作とある高さ二尺ほどの座像に心ひかれた。「達磨大師」ともう一体、房の棒を軽く手にした「無学祖元禅師」は開山者。やや高齢ながら若々しく透徹した眼差しは日本の肖像彫刻の描写力を感じさせる。

円覚寺「無学祖元禅師」像

校外実習なのか筆記板を手にした女子高生たちがあちこちを見てまわり、瓦屋根の古刹に紺のセーラー服はよく似合う。一角の立派な碑は〈空手道始祖松涛船越義珍先生之諭　空手に先手なし　圓覚管長朝比奈宗源書〉。へえ。

苔むして並ぶ小さな石仏たちにはどれも一円玉、十円玉、たまに百円玉も置かれる。散策する欧米人は今日はフランス語がよく聞こえ、彼らには珍しい風習かも知れない。

再び戻った入口山門は「空・無相・無願」の「三解脱門」とされ、煩悩を取り払い、ここをくぐって娑婆を断ち切るとある。文学者もそれを願ったのか。

セーラー服の女子高生たちはあちこちにかたまり座ってお弁当タイムだ。買ったハンバーガーではなく皆、持参のお弁当箱なのがいい。声をかけると鶴見の聖ヨゼフ学園と聞いた。

そこから歩いた東慶寺も文学にゆかりの深い寺で、案内板によると、江戸時代より紀行文や川柳に描かれ、明治以降は小説、短歌、俳句など多数の文学作品に登場。境内の文学碑は、さきほどの空手道碑に揮毫した朝比奈宗源、太田水穂、三枝博音、四賀光子、釈宗演、佐佐木信綱、高見順、田島絹亮、田島房子、田村俊子、徳富蘇峰、中村汀女、野田大塊、眞杉静枝、松下隆章。

その先の長文〈夏目漱石参禅百年記念碑〉によると、漱石は明治二十七年末より翌年一月十日まで帰源院に滞在して円覚寺管長・釈宗演に参禅。同じ時、当時帝大生の鈴木貞太郎（後の鈴木大拙）も参禅しており、この参禅の体験を『門』に書いた。十八年後、漱石は東慶寺に釈宗演を再訪。碑文に引く「初秋の一日」はその様子を書いている。〈やがて車夫が梶棒を下したから暗い幌の中を出て見ると、高い石段の上に萱葺の山門が見えた。Zは石段を上る前に、門前の稲田の縁に立つて小便をした。自分も用心のため、すぐ彼の傍へ行つて轡に倣つた。夫から三人前後して濡れた石を踏み乍ら典座寮と書いた懸札の眼に附く庫裡から案内を乞うて座敷へ上つた。老師に会ふのは約二十年振である。……〉。Zは満鉄総裁の中村是公。「知識」と讃える高僧に合う前に「連れション」したのだった。

細い石畳の両側は様々な可憐な草花がよく手入れされて咲き、しっとりした雰囲気が女性的なのは昔から女のための駆込寺として名高いからか、今も女性参拝者がたいへん多いそうだ。鐘楼手前の小さな石碑は田村俊子に寄せたもので〈この女作者はいつもおしろいをつけている。この女の書くものは大がいおしろいの中からうまれてくるのである〉とある。太田水穂夫人四賀光子の歌碑は〈流らふる大悲の海によばふこゑ時をへだててなほたしかなり〉。

*

境内の緩い登り石畳は次第に山に分け入り、森閑たる坂の墓域になった。一つひとつの墓地はわりあい広いが、どこも丸い球に三角屋根を載せた石の五輪塔がぽんと置かれただけで「何々家」の字などはない簡素な墓だ。

〈或る年、私は鎌倉中の寺の墓地を全部見て歩いたことがある。多くは急激に増設した新しい土地を持っていて、落着きがなかった。私の感想としては、東慶寺の墓域がいちばん落ちついた、奥ゆきがあり、いかにも幽かでよいのである〉

岩波書店を支えた小林勇の文の通り、今の団地のような墓域とはちがい、高い杉木立の下は湿度が高いのか、石段などどこも青々と苔むし、その間に小さな石仏が野仏のように放置点在して、いかにも自然と墓が一体だ。

岩波家の墓碑は〈岩波雄一郎　岩波茂雄　岩波ヨシ〉。その隣に〈寸心居士〉とある西田家は、昭和二十年没の西田幾多郎から平成二十八年没の西田幾久彦まで五名が記される。〈鈴木大拙夫妻之墓〉脇には〈奉仕三十年盡至誠能安大拙老先生況看仁愛及畜類留得慈悲園主名　圓覺管長宗源〉と記される。

他に安倍能成、太田水穂、川田順、小林秀雄、三枝博音、ささきふさ、佐佐木茂索、四賀光子、神西清、高見順、田村俊子、野上豊一郎、野上弥生子、眞杉静枝、和辻哲郎ら。どの墓も誰が手向けたか生花が供えられ、今に遺徳を偲ぶ人がいることを知った。

＊

寺を出て、山あいの鎌倉街道を鶴岡八幡宮まで歩き、町中に入った。

鎌倉は文士の町。辻要所の来歴解説文は格調たかい文語体だ。小町通り角の立派な石碑〈鉄《くろがね》の井《い》〉は井戸の説明。

〈鎌倉十井ノ一ナリ水質清冽甘美ニシテ盛夏ト雖涸ルルコトナシ往昔此井中ヨリ高サ五尺餘ノ首許リナル鐵観音ヲ掘出シタルニヨリ鐵井ト名付クトイフ……　昭和十六年三月建　鎌倉市青年團〉。

鶴岡八幡宮前の一段高い徒歩専用参道「段葛」は、

〈一ニ置石ト稱ス壽永元年三月頼朝其ノ夫人政子ノ平産祈禱ノ為鶴岡社頭ヨリ由比海濱大鳥居邊ニ亙リテ之ヲ築ク其ノ土石ハ北條時政ヲ始メ源家ノ諸將ノ是ガ運搬ニ従ヘル所ノモノナリ……　大正七年三月建之　鎌倉町青年會〉

説明される来歴よりも、今はあまり読むことがない漢字片仮名まじり文をウンウンと読み下すのがおもしろく、なにやら文学気分が出てきた。

＊

さて掃苔を終え、そろそろ一杯やるか。今来た段葛参道と小町通りに挟まれた路地二階の「企久太」はなじみだ。

「あら太田さん」

女将が下でちょうど暖簾を出していて、ばったりがうれしい。小カウンターと入れ込み座敷の気さくな店。まずはビール。

ングングング……

ああうまい、今日はよく歩いた。酒はそうだな、ご当地神奈川の「天青」にしよう、この頃これがうまいんだ。

「天青お燗、それとカワハギ」

「はい」

答える主人ともながいつきあいだ。なくなった藤沢の名店「久昇」で修業と聞き、あるとき久昇主人に話すと、彼はまじめで優秀、仲人もしたと言っていた。たくさんある小引き出しの盃から適当なのを選んで一杯手酌。

鎌倉はよく来ているが飲むためだった。たまにはゆっくり寺を歩くのもいいものだ。文士が住む理由もわかってきた。歴史の名刹は創作のよい環境なのだろう。

「おまたせしました」

ここはカワハギが名物で、壁に三枚も貼るその魚拓は〈平成19・11・28　多希志丸　腰越沖　後藤企久太〉が誇らしい。刺身はすでにたっぷりの胆と和えてあり、新鮮透明な甘味旨味は酒をうまくすること限りなし。添えたコロコロした切れ端は身と皮の間のところで、ここが珍味と言う人は多い。

「三河の先の遠江」。むかし豊橋だったかの居酒屋で、ある客が魚をつつき、つぶやいたのを思い出した。

18　清方と鏡花——鎌倉

東京竹橋にある東京国立近代美術館の「鏑木清方《かぶらききよかた》　幻の《築地明石町》特別公開」を見に行った。

昭和二年、清方四十九歳の作品「築地明石町」はその年の帝国美術院賞を受賞した代表作だが、戦後と昭和五十年以降の二度、所在不明になり、このほど四十四年ぶりに美人画三部作「新富町」「浜町河岸」「築地明石町」が発見された。公開されて名作の誉れ高い絵が所在不明になり、それが見つかるというのが美術界の不思議。三幅揃いで五億四千万円とか。画集で知るのみだった実物をようやく見られる。

照明をおとした会場正面に同じ軸装の三部作が並ぶ。天地一七〇センチほどの縦画面の人物はほぼ等身大。

「新富町」は島田髪の芸者がややうつむいて、秋雨か朱の唐傘をさし、足もとは黒の爪皮高下駄。地味な羽織に細縞着物と目立たないが、袖口にのぞく襦袢の紅葉に菊柄は芸者らしく粋。淡い背景は絵看板があがる新富座。

「浜町河岸」は稽古帰りの町娘で、所作を復習してか扇子を口に当てる。桃割れ髪に襦子や造花の髪飾りがいっぱいなのが娘らしい。青色小花柄の振り袖に紅襦袢。白木前歯が斜めの小町下駄に白足袋、紅い鼻緒も娘らしい。背景は隅田川対岸、深川の火の見櫓。

「築地明石町」は長い黒羽織に、江戸小紋着物は清方が最も好む水浅葱色。襦袢なしは当時の粋な着方とか。肌寒げに合わす袖からわずかに見える細指には西洋の金指輪。素足の履物は畳表が張られた黒塗り千両下駄。全体は地味に、足もとの赤縞柄鼻緒のみの紅一点が、この夫人の気品ある粋を感じさせる。

当時の明石町は各国公館やミッションスクールのある外国人居留地で、髪形は流行のイギリス巻と呼ばれたハイカラな夜会巻。朝霧にかすむ背景に帆船のマストが淡く描かれる。効果的に抑えた配色、立ち姿の優美、初秋の肌寒を感じて振り向く表情、足下に咲き残る夏の朝顔。まさに名品だ。

三幅のうちこの一点のみが顔に個性を感じさせるのはモデルがいるからだ。清方の妻の女学校からの友人で、銀座にあった江木写真館に嫁いだ江木ませ子。泉鏡花の紹介で清方に絵を学んでもいたという。その本人白黒写真は晩年ながら涼しさと強さのある眼、ややとがった顎に絵の面影がある。

ちょうど鎌倉で「清方と鏡花～ふたりで紡ぐ物語の世界～」展が開かれ「築地明石町」の下絵も展示とある。これは行かねばなるまい。

＊

鎌倉雪ノ下の「鏑木清方記念美術館」は何度も来ている。手入れされた垣根の私道の先は清方が仕事をした旧邸で、展示室は広くはないが、テーマをもった展示替えがいつも楽しみだ。

表装された「築地明石町」原寸下絵は線描を重ねて形を探っている。小画帳の座りポーズスケッチは、写真で見た江木ませ子によく似て、顔を記憶しておくためか。

背景に描かれたマストの帆船のスケッチに文が入る。

居留地なる異人館の垣に絡みて
まだ咲き殘る蕣のいと小さき花をつけたり
築地の海は雲母色の靄深く立ちこめて

朝冷えは膚に沁む
袖かき合せてふとかへり見る
いぎりす巻の女の瞳に澄むや秋
紫陽花舎主人

紫陽花舎主人は本人清方。まさしく「築地明石町」の主題だ。八十二歳作の小品「ふたつあちさゐ」は江木ませ子の十七回忌に遺族から肖像画を依頼されたが、それよりはと、美しさを紫陽花に託して描いたもので、二輪の寄り添いは夫婦の意。ここにも清方の文が添えられる。

定男ぬし逝きて三十八年
ませ子夫人十七回の忌祭に供ふとて
お二方とも因み浅からさり鏡花子の句に
花二つ阿ちさゐ青き月夜可な

農商務省官僚だった夫との睦まじさに鏡花の句を添えた。

挿絵画家として出発した清方は、鏡花の幻想的作風に強く惹かれ、挿絵の機会を待っていたが、二十三歳のとき「三枚續」でようやく実現し、以降二人は公私に親交を深め、清方を本名の健一から「健ちゃん」と呼ぶほどとなり、完成した「築地明石町」を見た鏡花は「健ちゃん大出来である。會場は群衆にほこりが立つても、明石町の婦の褄には水際が立つていませう」と称賛した。

展示される、清方が暗唱するほど好んだ「高野聖」を描いた大作は、妖術をつかう美女と旅僧が川へ汗を流しにゆく場面で、空を舞う不気味な大蝙蝠はまさに鏡花の世界だ。

鏡花遺愛とある作「行水」は、板戸で隠した木盥の脇に立つ女性が手拭いを口に着物の前を合わせ、傍らに紫陽花が咲く。清方は紫陽花を好む理由に鏡花の小説に紫陽花がしばしば登場することを挙げ、後に手掛けた「鏡花全集」の見返し装丁にも紫陽花を使った。

鏡花と清方、作家と画家は幸せな結びつきだった。

＊

鎌倉で必ず寄るのがここに近い、ヨーロッパの名作映画を輸入配給した東和映画の川喜多夫妻を記念した「鎌倉市川喜多映画記念館」だ。おりしも今は鎌倉に暮らした鏡花の没後八十年にちなむ企画「明治・大正　文藝シネマ浪漫」で、鏡花原作をはじめとする文芸映画十八本を上映、今日は並木鏡太郎監督の名作「樋口一葉」だ。

清方はまた樋口一葉の作品に耽溺し、昭和十五年に肖像画「一葉」を完成させた。映画は前年昭和十四年の公開で、一葉を演じた若き山田五十鈴は名演だったが、清方は映画を見ただろうか。

館内は様々な文芸映画のポスターが展示され、映画好きの私にはたまらなく、鏡花原作のものもたくさんある。

「婦系図」は五度映画化され、昭和三十七年／監督：三隅研次／出演：市川雷蔵・万里昌代版のキャッチコピーは〈恋ゆえ強い女の意気地！　死して貫く女のまこと！　香気あふれる純愛巨篇〉。

「歌行燈」は二度映画化。昭和三十五年／監督：衣笠貞之助／出演：市川雷蔵・山本富士子版は〈島田の元結ふっつと切れ、肩に崩れる緑の黒髪―鏡花文学の極致を描く悲恋の名作！〉。

「白鷺」、昭和三十三年／監督：衣笠貞之助／出演：山本富士子・川崎敬三は〈けがれるよりも死をえらんだ女の魂、いとしき人を地上に残して、あわれ白鷺は舞い上る……〉。

「三枚續」が原作の「みだれ髪」昭和三十六年／監督：衣笠貞之助／出演：山本富士子・勝新太郎は〈美しく、激しく、悲しく、死してつらぬく女のまこと！〉。

「高野聖」が原作の「白夜の妖女」昭和三十二年／監督：滝沢英輔／出演：月丘夢路・葉山良二は〈月光の谷川に誘う全裸の美女！　狂恋の果て畜生に変身する男たち!!〉。

これらの映画を私はすべて見た。どれもたいへんおもしろかった。

＊

さてそろそろ居酒屋にしよう。

小町通り脇「よしろう」の女将・姫田あかねさんは、東和映画を中心にした名字幕翻訳者・秘田余四郎（本名・姫田嘉男）の愛娘で、川喜多夫妻に可愛がられて育った方。「あかね」の名は一代の名画名訳といわれる「天井桟敷の人々」の女主人公役名「ギャランス（茜色）」から父がつけた。

渋い着物に白割烹着、カウンター七席ほどの小さな店ながら鎌倉の品を感じる。あかねさんはまとめた髪に白いものが見えてきたが、それが良い。

冬だ、早速熱燗。経木にさらさらと筆を走らせた品書きの〈湯たら〉は、塩鱈を昆布で湯炊きしただけの品だがとてもおいしい。これに豆腐を入れた〈鱈豆腐〉は昔の居酒屋の定番だった。壁に詩額がかかる。

天　姫田あかねさんに

どの辺からが天であるか
鳶の飛んでゐる辺は天であるか
あかねさす空のあたりは天であるか
人の眼から隠れて
ここに
静かに熟れて行く果実がある
おゝ　その果実の周囲は
すでに天に属してゐる　　高見順

高見順は仲のよい秘田余四郎に娘が生まれると、気に入りの自作詩に「あかね」の行

新刊案内

2024

3月に出る本

新潮社
https://www.shinchosha.co.jp

を加えて揮毫してくれたそうだ。

「父と高見さんは大親友、良くも悪くもね」

あかねさんが手を動かしながらくすりと笑う。

鎌倉の一日は良かったな、酒がうまいな。

19

母をたずねて——長崎

長崎、オランダ坂の石畳を日傘の女性がゆく。ここから山手は幕末から明治期に外国人居留地として洋館が建ち、そこからは港がよく見えた。長崎は坂と港の町だ。

左手は、明治十二年アメリカの女性宣教師ラッセルによりミッションスクールとして生徒一人から始まった日本女子教育の草分け、活水女学校。今の活水女子大学は、赤屋根にならぶドーマー窓がイギリスの寄宿学校のようですてきだ。

昭和三十七年、日活映画「若い人」は活水でロケされ、青年教師に石原裕次郎、同僚女性教師に浅丘ルリ子、裕次郎に恋心を寄せる女学生に十七歳・吉永小百合の豪華配役。見どころは小百合のルリ子先生への微妙な対抗心と、つねに映される石畳のオランダ坂だった。

その活水女子大正門の向いに「長崎物語」の歌碑が立つ。

赤い花なら曼珠沙華
阿蘭陀屋敷に雨が降る
濡れて泣いてるじゃがたらお春
未練な出船の鐘が鳴る

　じゃがたらお春はイタリア人航海士と長崎の貿易商家の女性の間に生まれ、寛永十六年の鎖国令により家族とともに十四歳でバタヴィア（ジャカルタ）へ追放され、帰ることのなかった容姿美しい娘。山手にある唐寺・聖福寺の棕櫚の脇には言語学の重鎮・新村出の書で〈志やがたらお春の碑〉が立ち、裏面〈長崎の鶯は鳴く今もなおじゃが

オランダ坂にある「長崎物語」歌碑

たら文のお春あわれと〉は歌人・吉井勇の作だった。

「長崎物語」の詞を書いた黒崎貞治郎は毎日新聞社会部長にして、梅木三郎の名で歌謡詞の筆をとった人、とある解説文は井上靖。井上は戦前「サンデー毎日」の懸賞小説に入選したのが縁で毎日新聞大阪本社に入社、学芸部に配属された。黒崎は上司だったのかもしれない。

今日もオランダ坂を女学生が上がってくる。この坂には女学生が似あう。

＊

坂からもどり旧丸山花街へ。

日本三大花街といわれた丸山は海外貿易の発展とともに、一時は遊女一四四三人を数えるほど隆盛。最も大きな遊廓「引田屋」庭園にあった茶屋「花月」は唐船主や井原西鶴、向井去来、大田蜀山人、高島秋帆、頼山陽ら文人墨客も多く訪れた。

一八六二年、土佐藩を脱藩した坂本龍馬は江戸で勝海舟の門人となり、翌々年、勝とともに初めて長崎を訪ねて滞在。花月で会談密議、ときに羽をのばす。そして亀山社中を結成、後藤象二郎と会って脱藩を解かれ海援隊隊長に任命される。

花月に至るすり減った幅広い石畳は往時の往来をしのばせ〈山陽先生故縁之處〉の石

柱。左奥玄関には縁起をかつぐ竹編みの大塵取りに「花月」の立体金文字がおさまり、朱房の紅白大提灯、左右に小提灯が連なって、いかにも大物を迎える格式と華やかさだ。

「いらっしゃいませ」

着物の女将が正座三つ指で迎える。私は予約を入れて昼食に来たが、狙いは内部の見学だ。いまここは創業三七〇年になる「史跡料亭」。若い仲居さんに案内された、折れ曲がる廊下にかかる額「山色仙流」は山県有朋書、一番奥はガラス張りの立派な資料展示室だ。

肖像画に並ぶ龍馬直筆の文書は、能筆にこだわらない闊達な勢いが魅力。軸「頼山陽と頼杏坪の菊と賛」は、頼山陽の書に叔父・杏坪が菊の絵を合わせたもの。三ヶ月におよんだ長崎遊学で頼山陽はここにも足しげく通った。山陽は淡墨の南宋画も残しており、あまり上手くないのがいい。「完淡画　月琴と笛合奏図」は、長崎に入ってきた丸胴四弦の月琴と横笛の協奏で、賛字は清雅なれど私には判読できず残念。外国に開いた地のおおらかな気風が文人に愛されたのがよくわかる。

横長の記念写真は、一九一三年、孫文が長崎を訪れた際の写真で、孫文（孫中山）先生を中央に、宮崎滔天《とうてん》（浪曲師、日本人では最大の孫文支援者）、金子克己（孫文の盟友、佐世保出身大陸浪人、アジア主義者）、西郷四郎（東洋日の出新聞社員、柔道・姿三四郎のモデル）らが囲む。正面の大軸は〈天下為公　孫文〉。

二階の大広間「竜の間」は、同志や文人と来遊した龍馬が戯れに振り回したという刀傷が残る。

「其扇の間」はシーボルトの日本妻・お滝さんこと其扇太夫の部屋で、二人のもうけた娘・楠本イネは後に日本最初の産科女医となる。大久保玉珉画「出島蘭館の遊女到着図」は、出島に呼ばれた遊女の駕籠を白ターバンのインド人、フロックコートの金髪異人らが迎える図で、シーボルトと芸妓・其扇太夫に擬している。

タイル張りの床にテーブルと椅子の、日本で初めての洋間「春雨の間」にはこれも吉井勇〈長崎の春は来るらしめつらしき和蘭陀皿の花模様より〉の軸があった。

夕刻ちかく訪れた長崎総鎮守・諏訪神社は社殿に登る石段に鳥居が連なり、脇にはいくつかの碑がある。五ノ鳥居脇の碑によれば、長崎に生まれた向井去来は俳諧に進み、蕉門十哲の一人に数えられ、蕉風の代表的撰集『猿蓑』、蕉風俳論の粋『去来抄』をまとめた。八歳で離れた故郷を忘れがたく再度長崎を訪れては数々の佳吟を残したとして、

尊さを京でかたるも諏訪の月

望郷の心情を諏訪神社に託した句の解説は、長崎出身の文芸評論家・福田清人。さらに石段を上がると、同じく長崎出身・山本健吉の文学碑〈母郷行〉がある。

〈……雨が洗った石畳の坂道、西日のさす白壁の土蔵の前、物の匂ひのこめる市なかに、ふと少年のままたたずむ私を見る。（……）私が町を憶えてゐる以上に、町は幼い私を憶えてゐてくれた。それが故郷といふものか。いま私は、わが身を何か大きなものの手にすっぽりと委ねてゐる。……〉

＊

母郷行――私の母は長崎の出身だ。

戦前の中国で教員をしていた長野県出身の父と現地で見合い結婚。昭和二十年の敗戦後、北京の日本人収容所に入り、翌年三月、生後十八日の私と二歳の兄を連れた家族四人は日本への引揚げ船に乗り佐世保に入港。しばらく長崎大村の母の実家に滞在後、向かった父の故郷、長野で本格的な戦後の生活が始まる。

海に面して気候温暖、魚や中華料理など豊かな長崎と、山岳に囲まれて寒さ厳しく産物乏しい信州長野は、風土人情は全く異なり母は苦労した。失意もあったかもしれない。

私が小学生のとき、母の父の葬儀のために一家で長野から長崎に向かった。ちょうど夏休み中で父も時間がとれ、母は初めての里帰りだ。頑固で理屈っぽい信州人とはちがい、長崎の母の実家は皆優しく「よかよ」と声をかけあい、姉や弟に迎えられた母は安心感のある大きな笑顔を見せ、私は子供心に「人は優しい方がいいんだ」と知った。葬儀をすませ、父とグラバー邸や大浦天主堂に観光したのも忘れられない。叔父に連れられ初めて海水浴を体験、海の水はしょっぱいと知った。以来長崎が大好きになり、自分は長崎人でありたい、長崎を故郷としたいと思うようになった。

長野出身の父の名「義一」は「義」を尊ぶ意味、長崎出身の母の名「和子」は「和」を尊ぶ意味。私の「和彦」は母の字をもらっている。長崎はその母の町だ。

諏訪神社石段を上がりきって一望した港を囲む山は上まで家が続き、歩いて来た活水女子大の赤屋根も見えた。

＊

夜になり、思案橋横丁の居酒屋「こいそ」へ。

「あらー、太田さん」

小顔美人の奥様が声で迎え、主人は包丁を手ににっこり笑う。長崎人の定評「男は親切、女は美人」のとおりだ。

小さな〈きびなご〉を肴に一杯傾けた。ここに座るといつも落ち着くのは「帰ってきた」気持ちだろう。苦難の戦後引揚げで故国に着いた父母の感懐は、まさに「帰ってきた」に違いない。それが生後間もなかった自分にも沁みこんでいるのだろうか。私は日本で生まれ直したのか。

奥の小部屋の女性六人が「ハッピーバースデートゥユー」を歌い始めた。何かプレゼントしたい。名物〈骨せんべい〉を奥様に運んでもらうと、「わあ」という声とともに一斉にこちらを見られて恥ずかしい。恥ずかしいがうれしい。

人の幸せがここにある、母の故郷長崎は幸せの町だ。

20　偉人の銅像――高知

高知に来るのは何年ぶりか。

高知城前に二〇一七年にできていた「高知城歴史博物館」は、城の石垣や屋根の反りなどを、コンクリートやガラスで現代的に取り入れた層状の航空母艦のような雄大な建物だ。二〇一八年、桂浜に新開館した「坂本龍馬記念館」は、巨大な長方形のガラス箱を斜めに空に突き出したモダンアート美術館のごとき前衛設計で、高知の人は、歴史館は格調ある伝統建築などとはまるで考えず思い切ったことをやってしまうようだ。

歴史博物館に面した通りに「土佐ゆかりの偉人」一覧が、肩書・経歴・業績・写真あるいは肖像画つきで並ぶ。

平安仮名文学『土佐日記』の作者・紀貫之

政治・宗教両面から室町幕府を支えた禅僧・義堂周信／絶海中津
四国を制覇した戦国大名・長宗我部元親
出世物語で知られる初代土佐藩主・山内一豊
土佐藩初期の藩政改革を果敢に推進・野中兼山
日米交流の先駆者・中浜万次郎
幕末四賢侯の一人、将軍に大政奉還を建白・山内容堂
土佐勤王党の盟主・武市半平太
立憲政治の実現に生涯を賭けた民権家・小野梓
三菱財閥の創始者・岩崎弥太郎
日本の「洗濯」に奔走した「幕末の英雄」・坂本龍馬
「戊辰の英雄」にして自由民権運動の先駆者・板垣退助
西洋式軍隊の必要性を説いた陸援隊隊長・中岡慎太郎
東洋のルソーと称されたフランス流民権論者・中江兆民
日本における植物分類学の父・牧野富太郎
国際協調を推進したライオン宰相・浜口雄幸

物理学者にして随筆家・寺田寅彦
自由と平等を追求し続けた社会主義者・幸徳秋水

ずらり十九人が並ぶのは壮観で、解説文も簡にして要を得る。

私には未知の人・野中兼山は、二代藩主忠義の命により十七歳で父とともに藩制の最高職「奉行職」に抜擢され、財政改革と幕藩関係安定のため新田開発、交通整備、産業育成、郷士登用等々、次々と斬新な改革を断行。「土佐南学」を修めた儒学者としても知られたが、徹底した改革は反発を生み、三代藩主忠豊により失脚。家族は幽閉、多くは配所で死去した。一族が赦されたのは約二〇〇年後の幕末で、維新後に兼山は偉人として扱われるようになった。その銅像の写真は羽織袴の片足を石に乗せ、図面を広げて指揮をとる、いかにも実行者の様相だ。

山内容堂は十四代藩主・豊惇の急死をうけて、一代限りの中継ぎとして十五代藩主に就任。ペリー来航の政治混乱の中、明快で豪気な発言は徐々に注目を集め、福井藩主・松平慶永（春嶽）、薩摩藩主・島津斉彬、宇和島藩主・伊達宗城とともに「幕末の四賢侯」と称された。一貫して公武合体を貫き将軍徳川慶喜に大政奉還を建白、慶喜はこれを明治天皇に上奏、徳川幕府は終焉を迎えた。漢詩と書を多く残し、能は免許皆伝、武術にも勝れ、多方面に才能を発揮した教養人でもあった。残る肖像写真は信念ある知識人の風貌ながら、酒を愛して鯨海酔侯と称した割り切りも感じられる。

高知人の特徴は信念断行か。会社員風や自転車の学生らが、常設掲示される郷土の偉人の説明に足を止めて読み入る光景は、日本中を歩いているけれどあまり見たことがない。高知は郷土意識の強いところだ。

*

冬晴れの空は青く、高知城に登ってみよう。全国で偉人の銅像が多く建つのは鹿児島と高知だ。追手門をくぐった小広場左先に板垣退助の像が建つ。偉人銅像が好きで各地で見ているがこの板垣像はまさに一級品だ。私の思う一級銅像の条件とは、

1 その人物が歴史的国民的に偉大な有名人であること
2 彫刻は本人を実物以上に立派に見せるのがポイント
3 台座は荘重典雅を尊び、高ければ高いほど良い
4 題字および碑文は一流人によること
5 立地背景が、雄大かつ不変であること

板垣像は、高知城天守閣登城口石段の右に見上げる高さに、巨大な自然石の石垣を組んで円型の敷地を造り、中央をさらに一段高くして柵を設け、高さおよそ五メートルのギリシャ・ドリス式柱頭のエンタシス石柱で四隅を固めた石の台座を置く。上に立つブロンズ像は等身大よりは大きく、フロックコートで脚を前後に開き、左手は腰後ろ、右手は高く前方に掲げた指導者ポーズ。脇の石柱は〈板垣死すとも自由は死せず〉。背景は二の丸、三の丸と上る石垣頂上に天守閣がそびえる、これ以上はない立地だ。

題字〈板垣退助先生像〉揮毫は大正十二年創建時は西園寺公望、戦後の再建時は吉田茂だから申し分ない。脇の自然石に彫った銘文は創建時のもので〈維新ノ元勲自由ノ泰斗憲政ノ唱首社會改良ノ先覺板垣先生ノ偉績ハ史上ニ赫灼タリ……〉と荘重に続くが、末尾に至り「東京角力協會」の寄金が大きかったとあるのがおもしろい。

高知城追手門右の「山内一豊像」は騎馬に甲冑で槍を構えて勇壮。城内にはその名馬を用意した「山内一豊の妻像」もあり、夫婦で銅像が別々に建つのは珍しいが、妻像台座〈高知商工會議所婦人會建之〉で納得。題字〈山内一豊之妻〉は吉田茂の揮毫だがどこかおつきあい程度、像そのものが妻も馬もでっぷりと太って、賢夫人、駿馬の雰囲気はあまりない。吉田茂像も高知龍馬空港はずれに建つが、周囲は殺風景で、遠目には空

高知城に建つ板垣退助像

港建設功労者ほどにしか見えない。

高知ならばやはり坂本龍馬像だ。桂浜を見下ろす地に台座八メートル、像高五・三メートル。右手を懐に、質素な袴にブーツでゆったりと足を開いて立ち、少し眩しそうな細い目はまっすぐに太平洋の彼方を見る像を初めて見た時は胸を熱くした。さらに感動したのはかたわらの「坂本龍馬先生銅像建設由来記」で〈……先生の夢は後代の青年の魂をゆさぶり続け、大正の末年本県青年たちの提唱によって、銅像建設のことも立案推進され……〉と続き、台座裏の銘板は〈時　昭和参年五月　建設者高知縣青年〉と記される。

偉人を輩出した高知、銅像が多いのもむべなるかな。

＊

さて居酒屋。高知の酒の飲み方は「おきゃく」と言って大勢で集まって飲む宴会が主流のため、料理は何でも盛りつけた「皿鉢料理」が生まれた。市内繁華街の居酒屋はどこも二階、三階もある大座敷ばかりで、一人でじっくり飲むためには作られていない。しかし旅のこちらは一人、宴会座敷隅にぽつんとでは淋しい。私の気に入りは「ひろめ市場」前の商店街アーケードを抜け、電車通りを渡った横路地に小さな居酒屋が並ぶ

「宵まち横丁」だ。

暖簾をくぐった「黒尊」はカウンターがメインの小さな店。店名は四万十川に合流する黒尊渓谷のこと。高知は太平洋のイメージが強いが、一歩北は圧倒的な自然が残る山深い内陸だ。主人は黒尊出身で奥土佐の野生の息吹を伝える。その一つが粗塩を振って炙った〈鰹の塩たたき〉。鰹たたきはサクの皮目を炙った切り身をちり酢（ぽん酢醤油）でぺたぺた叩くことから名がついたが、当店が元祖の「塩だけ」の塩たたきはいまや一般的になった。

「今日の鰹は腹身で脂のってますよ」

炎を上げる藁で炙った塩たたきは、あくまで身が厚く豪快。ニンニクスライスは山のように置かれて好きなだけ貼り付ければよい。

「う、うめ〜」

声をあげる私に黒ポロシャツの大将が豪快に笑う。

昼は銅像を仰ぎ、夜は盃を呷る。なにか自分の気持ちが大きくなっていくようだ。

21　文学者と鰹たたき――高知

高知城追手門の右、山内一豊銅像の先に、小さな荒石を積んだ外壁が城石垣を思わせる「高知県立文学館」がある。木立の道は通学路のようで、制服女学生が歩いてゆく。銅像も数多く立つ高知の偉人はわかったが、文学者はどんな人々だろう。今は「馬場孤蝶　生誕150年記念展」中、初めて聞く名はいかなる人か。

入館した正面に掲示された高知高専名誉教授・高橋正の解説がたいへんわかりやすく、その概要を借りよう。

馬場孤蝶は明治二年、高知旧武士の家に、自由民権左派の闘将・馬場辰猪を兄として生まれた。東京で慶應三田の学生たちに文学を教えるのみならず、ダンディ、モダンなフェミニストとして、酒、煙草、「女」も教え、囲む才媛には与謝野晶子、神近市子、伊藤野枝、平塚らいてう、山川菊栄らがいた。

雑誌「文学界」の同人となり、樋口一葉と出会ったのは明治二十七年、孤蝶二十五歳、一葉二十二歳のとき。孤蝶は連日、若い一葉宅に入り浸り西洋文学の新知識を与えた。一葉の日記には、孤蝶を「うれしき人也」「こころうつくしき人」「誠ある人」などの記述がある。「たけくらべ」末尾、信如が修行に旅立つときに美登利の感ずる悲しみは、彦根中学の教師として東京を去った孤蝶に宛てた手紙の「よそにきく逢坂山ぞうらめしきわれはくもゐのとほき隔てを」にあるように、一葉の悲しみがこめられる。「たけくらべ」の一年前の「花ごもり」は、人目に隠れて静かに花が咲く様子が書かれる。

一葉の恋人には創作上の師・

高知県立文学館の馬場孤蝶展掲示

半井桃水をはじめ、川上眉山、齋藤緑雨ら諸説あるが、孤蝶本命説を採り、最後に孤蝶の句「一葉の住みし町なり夕時雨」を紹介する。

——なるほどこういう人だったのか。写真に残る孤蝶の風貌は面長理想家肌で、一葉の知的清楚とは似合いだ。

一葉の早世は「文学界」同人に衝撃をあたえ、旧居に一葉の妹・邦子を訪ねた折の写真の孤蝶、小山内薫、与謝野寛・晶子、上田敏、森田草平、生田長江らは沈痛の面持ちだ。

その後孤蝶は彦根中学から浦和中学、日本銀行文書課、慶應義塾大学文学部教授を歴任。教え子には佐藤春夫、久保田万太郎、小島政二郎、西脇順三郎などがいた。トルストイ『戦争と平和』初訳や、ゴーリキー、モーパッサンの翻訳を続けながら大正デモクラシーに関心を寄せ、女性文学「閨秀文学会」を応援してゆく。昭和四年、星ケ丘茶寮で行われた孤蝶還暦祝いの写真には、高知の孤蝶の下宿を訪ねて以来の盟友・島崎藤村、生方敏郎、森田草平、戸川秋骨、小山内薫、田山花袋、久保田万太郎、水上瀧太郎、土岐善麿、田中貢太郎らが並ぶ。後年、出身の地を懐かしんで詠んだ歌。

夢に入る河の面黒む夕闇を人と渡りし四万十の橋
伊予の海や風だちぬ船ゑひにふしたる人をさびしと思ふ

〈孤蝶と交流のあった文人たちは「意気颯爽、革新を呼ぶ」「悲歌慷慨の士なりとか、嬉しき人なり」「稀にみる能弁家で、一度口を開けば、忽ち立て板に水を流すように喋って退ける」と、孤蝶の土佐人らしい気質に好印象を持っていたことが窺えます〉の結びは、上京して幾多の文学者と縦横に交流した孤蝶を誇りに思う姿勢がうかがえた。

＊

その奥は常設の「高知と文学者たち」だ。

「古典文学・近世文学」のコーナーは、『古今和歌集』撰者で、わが国最初の日記文学『土佐日記』の紀貫之、夢窓疎石による五山文学の双璧、義堂周信・絶海中津ら漢詩人、『万葉集古義』の鹿持雅澄を紹介。

「自由民権運動と文学」は、〈自由は土佐の山間より出づ〉として自由民権運動文学は高知出身者が多く宮崎夢柳、植木枝盛、坂崎紫瀾、中江兆民、幸徳秋水、田岡嶺雲を挙げる。

「近現代の詩歌」は、「南海の宮澤賢治」とよばれた先駆者・岡本弥太から、槇村浩、大江満雄らを中心としたプロレタリア詩人たちが「ファシズムに対抗」と並び、さらにロマン・ロランと交友した片山敏彦、上田秋夫らが続く。

「現代の文学」は、田中英光、タカクラ・テル、上林暁、田宮虎彦、小山いと子、大原富枝、安岡章太郎、清岡卓行、倉橋由美子、坂東眞砂子と幅広く、「現代の作家」として山本一力、嶋岡晨、志水辰夫、西澤保彦、有川ひろ、藤原緋沙子、畠中恵、中脇初枝を紹介する。

注目は「反骨の大衆文学」の解説だ。〈高知出身の大衆文学の作者は、探偵小説家と大衆小説の二系列に大別され、それぞれに中央文壇で活躍しています。彼らの作品に共通するのは破邪顕正の反骨精神です〉として黒岩涙香、大町桂月、田岡典夫、浜本浩、森下雨村、ここに馬場孤蝶。

最も興味を惹いたのは〈大衆小説の鬼才〉とある田中貢太郎だ。昭和四年から五年、「東京日日新聞」「大阪毎日新聞」に連載した『旋風時代』は、土佐と東京を舞台に、それまでの維新を素材にした小説が人物の勤王や雄姿に向けられたのに対し、痴情や金銭によって容易に動く政界要人たちの腐敗堕落を大胆に描く新機軸で大ヒット。

昭和九年、同人誌「博浪沙」を発行し、尾崎士郎、井伏鱒二、馬場孤蝶、丹羽文雄ら二十余人が関わる。〈同じ人から同じ話を何べん聞くのもえゝ。また他の人から聞くのもえゝ。人はおのおの創作家ぢやきに、そのたんびにいろいろと趣が具わってくるもんぢゃ〉は、いかにも融通無碍な文学観だ。「博浪沙」は、戦時下の出版統制により廃刊を余儀なくされるも、文壇の権威に拘泥しない貢太郎を要とした友好と、新人への執筆の場の提供など果たした役割は大きい、と説く。高知文学の意気これに在り。

さらに別室「寺田寅彦記念室」「宮尾登美子の世界」も充実する。高知はこれほど多くの文学者を生んでいた。その根は自分の良心を曲げない〝いごっそう〟の気骨だった。追手門脇の木立の道を、進む時と帰る時、私の気持ちは大きく変わっていた。

＊

久しぶりに町中を歩いて、帯屋町の赤煉瓦の大きな喫茶店に目が惹かれた。入口上の三角形のドイツ民家風ファサードはラッパを吹く中世導師や、ブリキ細工の男、吠えるライオンなどを貼り付けた、あたかもブレーメンの音楽隊。名は「Mephistopheles」since1964とある。

ゆったり広い店内は、高い天井までのガラスが奥の緑の庭を囲んで明るい。かなり古い木造組の天井は鉄のシャンデリアが下がり、広い石壁には西洋人形、古楽器、洋書、羅針盤、船模型、彫刻、ベートーヴェン頭像などなどがずらりと置かれ、地元作家らしい大きな絵は抽象モダンアート。東京にも京都にもないスケールの大きな博物美術志向の喫茶店だ。大勢の女性店員はメイド姿で若い人も年配もいる。

午後二時に、この個性的な喫茶店が混んでいる。カウンターはなく数多い四人席は女性、ご婦人方が多くほぼ満席で熱心に話しこみ、白髪老婦人が一人で本を読みふける。高知の女性はよく働いて開明的とききき、そういえば女性作家もたいへん多かった。帰りにレジで聞くと、近くの姉妹店「FAUST」が最初だそうで、こちらは半地下と中二階のこぢんまり落ち着いた書斎の雰囲気だった。「ファウスト」はゲーテの戯曲、「メフィストフェレス」は登場する悪魔。

喫茶店「メフィストフェレス」

高知には文学的喫茶文化があった。

＊

夕方になり、酒にしよう。やはり鰹たたき、二日目の今日は正調でゆくか。

追手筋に創業八十年「割烹タマテ」のそれは、豪快な塩たたきとはちがう割烹のたたき。厚い切り身に、ちり酢はその日の鰹に合わせて調整する。たっぷりのニンニクスライスはいくらでも追加してくれる。生ニンニクを日常的に食べるのは高知だけだろう。

数年ぶりの来店だが三代目の美人女将は私を憶えていてくれ嬉しい。昔、昭和天皇が国鉄で巡幸された時、その弁当を頼まれたが、祖父は出来たてでないと味がおちるからやらんと言い張り、四国の国鉄の一番偉い人が来てようやく承諾させたという話を聞いた。ここにも高知のいごっそうが。

たたきにニンニクを更に重ね、一升瓶に〈日本国土佐〉と肩書きされた「土佐鶴」の熱燗をぐっとやった。割烹タマテは、高知らしく奥に幾部屋も上がり座敷が続く宴会席だが、玄関脇のここだけは五席ほどのカウンターがあり、私はもっぱらこちら。そんな一人客に律義につきあってくれる女将がうれしい。

一つの町をゆっくり歩いてみると、土地の気質がよく見えてくる。今夜は高知に泊まる。高知の夜といえば屋台だ。他人同士が風に吹かれて飲む酒は、おおらかな気質をつくるだろう。その屋台に女将たちも普通に来るというのがいい。

広い日本でも、太平洋を見て育った高知の、中央何するものぞの意気軒昂はまことに気持ちが大きくなる。ときどきはここに来て、自分の腹をどっしりと据え直そう。

ようし、今から屋台に出陣、明日は高知城に登城だ。

22 若き詩人の修学旅行——佐世保

佐世保市内を東西一直線の商店街「さるくシティ4○3アーケード」は地元の人によると、一直線のアーケードとしては長さ日本一なのだそうだ。「さるく」は散歩の意。幅広い通りの午後は人通り少なく、道の真ん中の机椅子はおばさんや老人の格好の居場所で、買物袋を置いたまま居眠りの人もいる。水兵らしいアメリカ人もぶらぶらするのは軍港の街らしい。

東端の小さな京町公園に石碑が建つ。

〈五足の靴文学碑　明治四十年八月五日、与謝野鉄幹、北原白秋、木下杢太郎、平野万里、吉井勇らが此の地京屋旅館に泊り、平戸、長崎、天草、島原等を巡遊後、紀行文「五足の靴」を発表し南蛮文学の先駆をなした。また鉄幹は佐世保夜店の詩を残す〉

私は森まゆみ著『「五足の靴」をゆく　明治の修学旅行』を読んで、佐世保にやってきた。

五人は与謝野鉄幹三十四歳を盟主とする新詩社の同人で、東京帝大や早稲田大学の学生、年齢二十一～二歳。同書に載る旅行写真は学生服姿だ。東京から九州を目指して旅立った一行は「五人づれ」の署名で「東京二六新聞」に交代で旅日記を連載した。

〈たかが学生の夏休み旅行じゃないか、というなかれ。彼らはすでに『明星』の歌人だったし、明治四十年の大学生は数少ない稀少種だった。〉と書く森は単身「六足めの靴」となり、旅の後を忠実にたどって行く。私も「七足めの靴」となろう。

同人一行の宮島、福岡、柳川、唐津を経ての佐世保は、平戸行きの船に乗り遅れ仕方なしの投宿。〈ただ徒に細長い、真直な大通が一筋、拳骨のように中央に横わって、肋骨とばかり数多の横丁を走らせている〉の記述は平野萬里だろうと推定する。与謝野鉄幹の「佐世保夜店の詩」とは、

ランプの明り、カンテラの
灯かげ煙れるせりうりの
夜店の中に、一段と

声はりあぐる瀬戸物屋……

森は、まだ初々しい筆者を特定しつつ、その後作家として花開く個性の萌芽を探ってゆく。一貫する気分がアンデルセン作・森鷗外訳『即興詩人』にあると見抜くのは『鷗外の坂』『「即興詩人」のイタリア』の著者ならではか。

一行の目的は天草の大江天主堂を訪ねることだった。苦難の歴史をたどった隠れキリシタンの地に学ぶものを求めたのだろうか。

京町公園からアーケードを終えた通りの左崖上に、天を衝く白亜の教会をみつけた。垂直の崖に貼り付くZに折れる鉄階段をふうふうと上がると、両手を広げたキリスト像を前に三本の尖塔が青空を背にシンメトリックにまことに美しい。この「カトリック三浦町教会」は昭和六年建立、大戦中は空襲除けに外壁を黒塗りにしたが、佐世保を壊滅させた大空襲では最も目立つ場所なのに不思議にここだけは残った。

前庭一角の「ルルド」は花で囲まれた岩屋の聖母にひざまずいて手を合わす十四歳の少女像が清純だ。内陣はさらに美しく、白百合のごとく穹窿《きゅうりゅう》を形作るヴォールト天井（コウモリ天井）は、色彩華麗なステンドグラス窓を生かす。

おりしも正面祭壇の花に黒ヴェール白服の女性が水をやっている。床にそっと置いた小型扇風機横の礼拝席には信徒らしき年配女性がじっと動かない。募金箱に寸志を入れ、隅のノートを開いた。

〈たいせつな人と来ました〉

〈長崎原爆投下の日に伺いました。世界平和を願いました。ありがとうございました〉

〈福岡から来ました。ステンドグラスがキレイでした。きちんとがんばろうと思いました。人には、自分がされたことをします。ありがとうございました〉

〈佐世保に長年住んでいますが初めて訪れました。入ると何だかわからないけど胸がグーッと苦しくなり涙が出てきました。きっと心が洗われたのですね〉

〈苦しいことがいっぱいありました。よい導きをお願いしにきました〉

〈以前上五島の丸尾教会の近くに住んでおり、日常の中に神様がおられました。そのお導きのおかげで私の今があります〉

正直な言葉の信仰の澄明さが私にも沁みてゆく。

一泊した森はその夜、基地の町佐世保の名物酒場、米兵相手のバー「ウェスタナ」でバーボンロックを二杯飲み、カウンターに立つ女性に話を聞く。

私もここは二度目。年配のカウンター女性三人は、テンガロンハットを斜にかぶり、首は緑のチーフ巻き、派手なチェック柄シャツの胸に金色の保安官バッジと、まさに陽気な西部劇スタイル。

名物の、ミニグラスをカウンターにドンと叩きつけて泡を出し一気に飲む「テキーラホッパー」を、私と彼女らと一人で来ているらしき米兵に注文。五人で乾杯してあおる。女性は英語が達者で、米兵にどこから来たかと話しかけると、ぽつりと「モンタナ」と答え、両手ではさんだグラスをじっと見つめる。その言葉で故郷を思い出したのか。

ふるさとは遠きにありて思うもの。終戦後、私の一家が乗る中国からの引揚げ船は佐世保に入港したが、DDT全身消毒などで一週間も船内に留め置かれてようやく順次下船。母は生後十八日の私を抱き、一家は母の実家・大村まで歩いた。私が日本の土を踏んだ最初はこの佐世保だ。数年前、長崎に来たときここを訪ね、古書店で引揚げ当時の記録写真集を入手。引揚げ者の中にわが一家は写っていないかと、目を皿にして見た。今回は二度目の佐世保だ。

小さく流れるのはフィドルが軽快なウエスタンミュージック。しばらく聴いて出て仰ぐ空に星が見える。モンタナから来た彼も見上げるだろうか。

いささかアメリカナイズされた夜の通りを抜けた先の小さなカウンター居酒屋「酒・味処　うさぎ」は以前に気に入っていた。

「あら、いらっしゃい」

おちついた年齢の美人二人の気軽な迎えがうれしい。二十年ほど前にこの店が空いて知人にたのまれ、友達と二人で「やろっか」と始めたという気負いのなさが良い居心地だ。長崎の酒「梅ヶ枝」はおだやかで飲みやすい。

その盃がすばらしい。隣は有田、手にするのは派手ながら上品な柿右衛門の逸品だ。二人が背にする木棚には有田焼、波佐見焼の湯呑み茶碗がずらりと並んで、店の品の良さを集約している。カウンターの大皿料理、カレーじゃが、鯨入り酢の物、水ナスとおくらの和え物、ごま豆腐などが取り分けられる器は、みなそれぞれに合って選ばれて、見とれてしまう。

「今回は何ですか」

「えと、文学紀行」とは言えず「うさぎに会いに来たんですよ～」とヘタなお世辞だが、美人お相手に本音でもある。

文学紀行。一冊の書をテキストに後をたどるのは、目的へのアプローチが明確で、その終着点に立つ感懐が楽しみだ。

さてもう一本。女性らしいレース編みのコースターに立つ柿右衛門の徳利を取りあげて目を送ると、にっこりと微笑んでくれた。

＊

翌日渡った天草でまず訪ねたのは﨑津港の教会。「長崎と天草地方の潜伏キリシタン関連遺産」として世界遺産となっている地だ。小山を背にしたのどかな漁港の瓦屋根の中にすっくと立つ西洋教会は際立ち、遠い地から異国に布教にやってきた距離感と、その地に根づいた証拠を感じる。

その先の富岡から、島の西の大江天主堂への山越えは、車で行ってもかなり険しく遠く、「五足の靴」一行の、八里もある苦難の徒歩峠越えもいかばかりかと想像する。

たどりついた教会は丘の上に、東シナ海ごしに遠い西洋を遠望するように晴れやかに建っていた。その姿は信仰心のない私にも、俗世とは異なる精神世界が厳然と存在することをわからせた。

ようようたどりついた五人は、教会をひらいたフランス人宣教師・ガルニエ神父に会い、その後路銀も尽きてばらばらに帰京する。

森も一行の足取りを訪ね終えて帰京すると、ここからが書きたかったところとばかり、若き日の修学旅行がその後の生き方や作家活動にどう影響していったかを検証する。引用される明治〜昭和の人物群はすべて詳細に解説され、たいへん勉強になった。

「七足めの靴」をきっかけに、天草や五島の教会を訪ねるようになった私の修学旅行は、今も続いている。

（ウェスタナは閉店しました）

23

文人気風の町——中野・高円寺・阿佐ケ谷

関東大震災後、文士や文化人は郊外に住まいを求め、世田谷は左翼作家、大森は流行作家、中央沿線は三流作家と言われたそうだ。今も杉並、荻窪、吉祥寺あたりに住む作家はたいへん多く、私は阿佐ケ谷で映画を見た帰りの電車で知りあい作家にばったり会ったり、また別の作家と吉祥寺の居酒屋へご一緒したこともある。

新宿から西に向かう中央線は中野、高円寺、阿佐ケ谷、荻窪、吉祥寺、三鷹と、駅ごとに文化が異なり、どこか文学的な匂いがする。三鷹の次の武蔵境になると、文字通り都心を離れた武蔵野の田園の感が強まる。

それは新宿という強い磁場から次第に離れてゆくことでもある。その磁場とは、深夜まで続く人くさい大歓楽街であり、反逆精神の集中する新宿ゴールデン街であり、作家や編集者が文学論を戦わす文壇酒場である。そこで痛飲し、激論し、そして中央線の終電車に乗ってねぐらに帰る。新宿という魔窟に洗脳された心を、しだいに薄めてゆく沿線であろうか。

中野駅北口三分、遠慮がちな看板〈ちょっといい一番街〉を右に曲がったすぐ角の「第二力酒蔵」は中野を代表する居酒屋だ。外看板イラストは、中野にアトリエをかまえ、ここに足しげく通った挿絵画家・風間完の作で、賑わう店内を活写する。五木寛之『青春の門』の叙情あふれる風間挿絵の大ファンだった私は、これを見ただけで気に入った。

開店午後二時、休まず十一時までの営業は、午後は近所の老夫婦の昼食、三時にはひまな老人の飲みグループ、五時を過ぎると近所のサラリーマンがどっと、八時をまわると新宿から流れてきたはしご組と、一日中客は絶えない。店は広く、カウンター、椅子席、小上がり、大小座敷となんでもござれ。酒は手堅いものいくつか。特筆は店内を埋め尽くす品書きビラで、およそないものはなく値段明記が安心だ。厨房には板前が九人、お運びの女性はてきぱき。昭和三十七年に第一・新井薬師、第二・中野と同時開店し、第七まであったが、今はこの第二だけが残った。

額で飾られる外看板イラスト原画「風間完画伯・出版記念会」の寄せ書きサインは、

司馬遼太郎、井上靖、五木寛之、吉行淳之介、古山高麗雄など大物文士や、扇谷正造、大村彦次郎ら有名編集者の署名が所狭しと並ぶ。隅に小さく私の知る編集者もいて、若手として参加し、酒などを世話しながら大家の飲みっぷりを見ていたのかと思うとほほえましい。この大衆居酒屋の記念会はさぞ盛り上がっただろう。

いつかここで、忌野清志郎好きで知り合った西荻在住の直木賞女性作家と五時間飲んだことがあった。中央線を中心にした飲み歩き本も書いておられ、互いの息はぴったりだったが何を話したかは忘れた。

近年中野は大学や大手企業本社が移ってきて、たいへん活気が増した。もともと新宿濃度は高いところだったが、新宿が外国人観光客などの増加であまりサラリーマンの飲む街ではなくなってきたのに反して、中野は大学生がコンパをやっていたころの新宿のような学生的雰囲気となり、これぞかつての新宿と、私などにはうれしい。

＊

隣の高円寺は音楽、演劇、美術関係が多い。若い頃はそれで食えないのは百も承知。おもな活動場所の新宿に少しでも近いところに部屋を借りる。したがって昼過ぎころ町を歩くと、背中まで髪の長いやせた男や草履履きの、昔で言えばヒッピーみたいなのが、今寝覚めたような焦点定まらない顔でぶらぶらしている。

高円寺の乾物屋に生まれたねじめ正一の直木賞受賞作『高円寺純情商店街』が町の名になるなど、十三もある商店街が八方に延び、生活店が尽きたあたりからが高円寺らしく、シャッター絵や看板などあちこちのストリートアートは若い美大生が描いたのか質が高い。桃園川緑道・旧宝橋沿いのカラフルなタイル絵や、イルカにまたがる裸の子供のレリーフもまことに心温まり、美術度がたいへん高い町だ。

古着屋が多いのも、若く金はないが美感はある若者の町らしく、奥まった場所のボロ家のブティック「はやとちり」は、超独創的なオリジナル服を求めて感度の高い海外アーチストがよく訪ねてくるそうだ。

一方、演劇は、二〇〇九年に正式名称「杉並区立杉並芸術会館」として、館長・斎藤憐、芸術監督・佐藤信の陣容で劇場「座・高円寺」がオープン。伊東豊雄設計による布テントのような外観が電車から見え、私もよく足を運ぶ。

さて酒。バンドマン御用達と聞いた「一徳」の、煮しめたような小さな白暖簾をくぐったコの字カウンターに立つマスター木下卓也さんは、首タオル、額めがねでフランス俳優ジャン・レノに似る。十年前、店の常連と作って今もライブを欠かさない「一徳バンド」の演奏映像はやはり首タオルでロックを熱唱し、低音の声が魅力のこの人ならでは。店専用の純米酒ワンカップのラベルは、似顔に添えた〈ぶざまでどこが悪い〉の啖呵がカッコいい。

店内を埋める演劇ポスターや美術雑誌の切り抜きなどは新宿ゴールデン街の様相。夜な夜なここに集まる高円寺党は、名物〈もつ焼〉を肴に新宿最盛期の熱気がある。陽気に踊り進む阿波おどりがこの町に定着したのもむべなるかな。

＊

昭和二年、荻窪に越してきた井伏鱒二は将棋仲間と「阿佐ケ谷将棋会」を作り、やがて文士らの「阿佐ケ谷会」、阿佐ケ谷文士村とよばれるようになった。他所から阿佐ケ谷会を訪ねる人も増え、瀧井孝作（八王子）、亀井勝一郎（武蔵野）、青柳瑞穂・外村繁・上林暁・太宰治・火野葦平・河盛好蔵・臼井吉見・新庄嘉章・古谷綱武・巖谷大四・伊藤整（杉並）、中島健蔵（中野）、三好達治（世田谷）、河上徹太郎（川崎）らの名が残る。今も阿佐ケ谷文学散歩マップなどが盛んで、現役作家や書評家による新文士村の集まりもあるときく。

高架沿いに居酒屋、バーの続く「阿佐ケ谷スターロード」の一番はずれ、主人の名刺を画鋲留めしただけの居酒屋「可わら」は、今は閉めてしまったが、もと農家らしい本物の三和土にカウンターを置いて裸電球が照らすだけの店で、脱サラの店主は一人で自分の居場所のためだけにやっているようだった。映画の帰りによく通った私は、常連に吉祥寺在住の直木賞作家がいると知り、後日パーティーでお会いしてそれを話すと「あそこはいい」と笑っていた。

駅から南へやや歩いたガード沿いの小さな居酒屋「だいこん屋」は昭和四十七年の創業。八十歳を超えた主人・松本純さんは南氷洋捕鯨船にながく乗っていたそうで、見せてくれた捕鯨砲の空薬莢は茶筒ほども太く、奥の座敷に立ててしめ縄をまわした鯨のペニスは身長よりも高い。

節目板の素朴な店内にお燗番の奥様と二人三脚。燗付け器は年季が入っているが二代目。主人手作りの〈はまぐりの紹興酒漬け〉は絶品だ。立ったままウイスキーの水割りを手から放さない豊かな白髪は風格があり、言葉も乱れがない。

隣の客から「私も参加してるんですが」と、主人は「すずしろ句会」という俳句会を奥座敷で四十年も主宰していると教わった。その第一句集『三草子』は平成二十四年「日本一行詩大賞新人賞」を贈られ、表彰状は〈……貴殿の句集「三草子」は本来の歌の原義である心を撃ち魂に訴える優秀な魂の一行詩と認め……〉。署名は角川春樹だ。

打ち寄するブリキの金魚広島忌
天井を秋の季語にと動議あり

捕鯨船から陸《おか》に上がり、居酒屋をしながら自らもウイスキーをぐいぐい飲み、なお句会を主宰して賞も受ける、まさに阿佐ケ谷文士。函入りの立派な第一句集は残部僅少で、第二句集『一揃（ぴんぞろ）』を求めた。その装丁は博打さいころ目の赤い「●」が二個並ぶ。

おのづから身を御破算の鳳仙花
呼鈴を押し芒野へ分け入りぬ

どこか捨身の句風は、ながい捕鯨船生活で身に付いたものか。第一句集『三草子』の題名は、明治に千人の男を征服する「千人信心」をはたしたという美貌の歌人・松の門《と》三艸子《みさこ》からつけたかは聞きそびれた。

行きつけの名画座・ラピュタ阿佐ヶ谷で求めた三輪初子著『あさがや千夜一夜』の帯文は〈阿佐ヶ谷の名店「チャンピオン」で千夜の灯をともし続けた半生を軽やかに綴るエッセイ集〉。序文は俳人・石寒太。カバーの、店に立つらしい著者写真は知的な気さくさを感じさせる美人。エッセイには時折、著者自句が載る。

招かれて月の都に御座す母
初月夜明日という旅おなじ連れ

一九四一年、北海道生まれ。いくつも句集を出されている著者は、映画とボクシングがお好きなようだ。すでに閉店されたそうで、一度訪ねておけばよかった。

地方まで出かけなくとも、身近な町を旅気分で歩いてみると、いろいろなことが見えてくる。これぞ「日和下駄」。ついでに一杯やってゆくのを忘れるな。

24 豪邸の教養人——荻窪・三鷹

荻窪は井伏鱒二など文学者のほか、棟方志功、徳川夢声、大山康晴ら各界の人物が私邸をかまえた。

俳人にして角川書店創立者・角川源義旧邸の「角川庭園」は国指定登録有形文化財で「幻戯山房」として公開する「すぎなみ詩歌館」がある。「幻戯」は名前「源義」の読み替え当て字か。総理大臣・近衛文麿が文化サロンとし、また日米開戦など重要な外相密議を続けた旧邸「荻外荘《てきがいそう》」は国の史跡だ。名は「荻窪の外」だろう。与謝野鉄幹・晶子の住んだ家の跡は「与謝野公園」として残り、太宰治が天沼に寄宿していた「碧雲荘」は九州湯布院に移築されているという。

荻窪の閑静な住宅街の一角を広大に占める大田黒公園は、クラシック音楽評論家・大田黒元雄邸敷地の一部を区に寄贈して整備した国指定登録有形文化財だ。

土塀に瓦屋根の大木戸門をくぐると、樹齢一〇〇年の梢高い銀杏並木にはさまれて、きっちりした石畳がおよそ七〇メートルも真っすぐに続く。その奥の日本庭園は、大樹の山桜、ぼけ、もみじ、椿、つつじなどが様々に植え込まれ、池にはあずま屋が張り出し、小さな石橋に立つと錦鯉が寄ってくる。時節これからの紫陽花は美しく池の水に映るだろう。飛び石をたどって一周する池泉回遊式はよく手入れされて広い芝庭もあり、密度と解放が心地よい。都心を離れた郊外にこんな閑静な庭園があるとは知らなかった。

大田黒元雄（一八九三〜一九七九）の父は水力発電や芝浦製作所（現・東芝）の経営再建などで財をなし、元雄は裕福に育った。東京音楽学校でピアノを学び、一九一二年渡英したロンドン大学で経済学を学ぶ一方、音楽会や劇場に通い本場の文化を身につける。日本では西洋音楽がまだ遠かったころ数々の訳書や自著でフォーレ、ドビュッシー、ストラビンスキー、スクリャービンなどの同時代音楽家を紹介し、堀内敬三、野村光一らと同人誌「音楽と文学」を発行。ロシア革命後アメリカにわたる途中の日本で足止めとなったプロコフィエフを手厚く世話する。彼がその後作曲した「ピアノ協奏曲第三番」は在日中に聞いた日本民謡の音階が感じられるという。難曲としてピアニストのコンクールの定番曲となり、恩田陸の小説『蜜蜂と遠雷』にも山場に登場する。音楽評論家・吉田秀和に「(大田黒は）大正リベラリズムが生んだ一つの典型」と言われ、写真、野球、食通としても知られた。

私がその名を知っているのは、NHKのラジオ番組「話の泉」にレギュラーで出ていたからだ。まだテレビのないころ、この番組が好きで聞いている父の隣りに小学生の私がいた。当時（一九五二〜一九五五年）の司会は高橋圭三で「本日のご出席は、大田黒元雄さん、堀内敬三さん、徳川夢声さん、サトウハチローさん、渡辺紳一郎さん、山本嘉次郎さん、春山行夫さん」という声をよく憶えている。木曾の山奥の子供の私に、ディレッタンティズムとユーモアを持った文化人は憧れを抱かせた。

踏み石を少し登った木立の中に、鋭角の三角屋根にピンクの壁の洋館、大田黒邸がある。大田黒はここと大森山王に自宅、沼津、小田原に別邸があった。

こちらは大邸宅というよりは趣味のサロン風で、入ってすぐ左は広く、木目仕上げのスタインウェイのピアノを置いてミニコンサートができ、右手は暖炉を奥にした応接間。斜め格子組木床の落ち着いた英国風ながら、壁紙は七色に反射する箔を方眼に貼った日本風だ。重厚な書棚には洋書をふくむ音楽書などがずらり、趣味らしきカメラもいくつか。広大な庭を望むこの部屋で、音楽仲間らとの歓談、ときに演奏の日々を過ごしたのだろう。プロコフィエフも来たかもしれない。財力と教養、ダンディな美食家はここで荻窪の日々を過ごした。

＊

吉祥寺、五日市街道沿いの居酒屋「闇太郎」は名作『センセイの鞄』に出てくる居酒屋のモデルとなった。すでに開店五十年。豆絞り手拭いをきりりと巻いた気骨の主人に惚れた常連が二十五周年に作った記念文集に、主人は〈居酒屋とは、人間が人間的になる再生の場〉と言葉を寄せた。これぞ至言。私の故郷信州の酒「美寿々」をきっかけに主人と話をかわすようになった。カウンター奥に、当世最高の美人画作家・江口寿史さんをお見かけしたのもうれしい。

荻窪　旧大田黒元雄邸応接間

その先の三鷹の小料理屋で、俳人・小澤實氏を中心に文芸関係者で続けた俳句会に何年か通った。二ヶ月に一度、十人ほどが集まり投句して互選。講評の後は酒の清遊。私はヘタで成績も悪く、小澤氏にいつも直される指摘にうなずくばかりだった。

中央線沿線は文士が多かったためか古書店が多く、神保町にくらべ、アカデミックな学術書よりも文芸系が特徴のようだ。句会小料理屋隣りの「水中書店」は詩集、歌集に定評があり私の好きな映画本も多く、棚の背を眺めているだけでも楽しく、句会前の時間つぶしに同人とよく一緒になった。

昭和十四年、太宰治は三鷹に越し『走れメロス』『人間失格』などを執筆した。市内にはゆかりの場所が表示される。編集者との打ち合わせ場所にしていた馴染みの屋台〈うなぎ若松屋跡〉。いっとき二階を仕事部屋にしていた〈小料理屋「千草」跡〉。すぐ近い〈野川家跡（現・永塚葬儀社）〉は、山崎富栄と親しくなった昭和二十二年九月頃から二階北側の部屋を仕事場にし、翌二十三年六月十三日、ここから玉川上水へ心中に向かう。

玉川上水は今は整備され、ここで入水心中ができるとは思えない。川端の奇岩「玉鹿《ぎょっか》石《せき》」が〈山崎富栄と入水〉の碑、少し離れて『乞食学生』の一節。

〈四月なかば、ひるごろの事である。頭を挙げて見ると、玉川上水は深くゆるゆると流れて、両岸の桜は、もう葉桜になっていて真青に茂り合い青い枝葉が両側から覆いかぶさり、青葉のトンネルのようである。〉

今はまだ桜のつぼみも固い川沿いを歩いた右手に山本有三記念館があった。学者・商社役員だった清田龍之助が建てた家に山本は昭和十一年から二十一年まで住み、代表作『路傍の石』や『米百俵』を執筆、自らの蔵書で「ミタカ少国民文庫」を開いた。戦後進駐軍接収となり退去させられたが「三鷹は忘れ難い地である」と語っている。

その洋館のすばらしさ。

尖った三角屋根が複雑に重なりあう二階建て。一階の外壁は重厚な茶色スクラッチタイル、二階は白漆喰で角に細い横木をまわして軽やかにする。正面のポイントは、大谷石を大小・凹凸・表面を変えて組みあげた高さ四メートル余の礎台から、スクラッチタイル貼りの太い四角が二階屋根を突き抜ける豪壮な暖炉煙突だ。その左脇の台形を二分した玄関戸は案外にさりげなく、奥は尖頭アーチの部屋扉になる。

館内のホール白壁や天井は、手斧仕上げの柱や梁を露出させ、ステンドグラス窓のある階段室は複雑に見せ場をつくる。小庇で囲って一段低く暖炉を囲む「イングルヌック」という小さな談笑スペースがいい。一室には山本、井上正夫、久米正雄、谷崎潤一郎、小山内薫、早川雪洲、菊池寛らの署名が並ぶ扇面や近衛文麿の七言絶句色紙が展示され、『路傍の石』原稿の筆跡はまことに端正だ。

家を抜けた中庭の広い芝生から振り向くと、テラスを中に両側に棟を建てた堂々たる左右対称で、建物玄関は裏口風だが、中庭側はむしろ正面風の設計はガーデンパーティーなどに向く英国式か。

中世ゴシック様式、チューダー様式に二〇世紀初頭のアーツ・アンド・クラフツ運動を取り入れ、古い洋館を見慣れた私もこれほど自由自在に

三鷹　山本有三記念館

様式を駆使した建物は知らないが、不思議なことに設計者は不明なのだそうだ。

三鷹にこんなにすばらしい家があった。

＊

夕方、縄のれんをくぐった居酒屋「婆娑羅」のコの字カウンターは年季が入っている。一ヶ月かけて割り率を決めたという芋焼酎三種のブレンドがうまい。

私と歳の近そうな主人のやわらかな口調は居酒屋主人よりは文人の雰囲気だ。三鷹に近い谷保にあった、作家・山口瞳が『居酒屋兆治』のモデルにした焼鳥「文蔵」が好きで通ううち、主人に居酒屋をやったらと勧められ、一週間通ってモツの仕入れや焼き方を教わり、それから色んな店に入っては目で勉強、およそ四十年前ここを開いたという。その技を「さんざん教え込んだ」若い女性の焼く、柔らかくジューシーで、縁はきちんと焦げたもつ焼のうまいこと。

「二十年前、書店で太田さんの本を立ち読みし、この人はきっとうちに来ると思って二十年たちました」と言われ、「遅くなりました」と苦笑するばかり。

人生の年季がしみついた、これは三鷹にふさわしい店だ。太宰が生きていたらひいきにしただろう。町には町にふさわしい居酒屋がある。ここは文士が住んだ町。白髪主人と話が合い、盃をかさねたことだった。

後日、三鷹在住の芥川賞女性作家にこの店のことを言うと、昔、ママ友とよく通ったと言われ、うれしかった。

25　長者丸の文化——白金

白金の地にある広大な国立科学博物館附属自然教育園の奥深い森は、藪道、倒木、落葉が埋める池など自然が手付かずだ。鳥も蝶も生態そのままに、都心にこれだけの天然林が残るのはうるわしく、その向い側に仕事場のある私は、息抜きによく足を運ぶ。

入口に土地の由来説明がある。

〈古代：縄文中期、この地に人が住みつく　室町時代：豪族白金長者が館を構えたといわれる　江戸時代：高松藩主松平讃岐守頼重の下屋敷　明治時代：海軍省・陸軍省の火薬庫　大正時代：宮内省の白金御料地　昭和24年：国の天然記念物及び史跡に指定、国立自然教育園として一般に公開〉

補足すれば昭和八年、南西の一角にアールデコの粋を凝らした瀟洒な朝香宮邸が建てられ、昭和二十二年の宮家皇籍離脱後は吉田茂外務大臣・首相公邸、白金プリンス迎賓館を経て昭和五十八年、東京都庭園美術館として公開された。先日見た「東京モダン生活」展はよかった。

園内を南北に縦断する予定で進んでいた首都高速2号線計画は生態系保護のため、園の西外周を走るトンネル状の一般道の上を走らせるよう設計変更された。通り向かい、白金幼稚園の森は分断された残りだ。設けられた目黒ランプ付近の、片側四車線一般道のトンネル外壁西だけに申し訳のようにつけた幅二メートルもない歩道は、心細くどこまでも沿う。

その西側は高級住宅地、長者丸だ。道路からの轟音がびゅんびゅん響く忘れられたような一角に立つ〈吉田翁碑〉は、ここを高級住宅地として開発した呉服商・吉田弥一郎（安政三年～大正十三年）の五周年忌に、借地人三十六名が建てたとある。

その三十六名の中に資生堂の初代社長・福原信三（明治十六年～昭和二十三年）もいた。信三は海外で経営や薬学を学びながら欧米文化を吸収。帰国して社長に就任すると、美と格調を基本とする社風を確立する一方、写真芸術社を創立、「写真芸術」誌を発刊して、写真集『巴里とセイヌ』や理論書『光と其諧調』などを発表し、日本の写真芸術黎明期を主導してゆく。

「長者丸」という地名を知ったのは何十年も前、資生堂のデザイナーだった私がよく通っていた、銀座本社裏隣のビルの階段を上がった、品の良い婦人と息子でやっていた小さなバーだ。婦人は私が資生堂社員であると知り、当時社長の福原義春さんの思い出を話した。福原さんがまだ平社員のころ残業後にときどき一人でバーに来られ、長者丸がお住まいで、三田の私は帰りの車でおとしていただいたこともある。お若いのにあれほどの紳士は見たことがなかった、と。福原義春さんは信三の甥にあたる。

資生堂宣伝制作室で生意気だった私が、一目でこれは立派な人だと感じたのが福原義春さんだ。優しく真っすぐに相手を見る目は、なんでも本心を言ってください、ごまかしや言い訳は見抜きますよと言っていた。

創業者・福原有信の孫で、初代社長・信三が伯父という続柄ゆえ、海外もふくめ様々な部署を歴任された中の宣伝部長時代は長くはなかったが、余計な口はきかず的確に、しかし大胆な実行をすすめた。全宣伝制作物をチェックする月一回の会議では、課長や制作室長ではなく担当デザイナーを真っすぐに見て感想を言う。私が作ったポスターに優しい口調で「これはアーヴィング・ペンの花の写真を思わせますね、完成度は高いですが、もう一つ広告としての強さを」との批評はぐさりと私を突き刺した。

平成十七年出版の『写真家・福原信三の初心』(山田勝巳編著／求龍堂)に義春は伯父について寄稿した。その一部。

〈信三伯父は、品川区上大崎長者丸の立派な洋風住宅に住んでいた。同じ長者丸の行き止まりの土地を、地主の吉田幸三郎さんから借り受けて、(信三の)病弱の弟信義(義春の父)のために住宅を建ててくれた。〝新日本建築〟という前田健二郎さんの野心作で、外観は純日本調、内装は西洋風、しかも畳敷きの部屋が多い和洋混合の珍しい住宅だった。同じ長者丸に住んでいたが、ぼくたち家族は、信三伯父を〝長者丸〟と呼んで敬意を払い、憧れもした。月に一、二度は〝長者丸〟に行かねばと言って、一家三人でご挨拶にゆく。大きなサロン風の応接間には、信三伯父が自分の椅子に深々と座り、まるで洞窟の中から響いてくるような声で、ぼそぼそと語るのだった。父も、母も、ぼくもいつも畏まって聞いていた〉

子のなかった信三は、小学生の自分にも大人と変わらぬ接し方で話したと回想する。

＊

吉田翁碑の解説は後半こう続く。

〈……また銅柱の文は、邦楽の友社(筆者注、正しくは「音楽之友社」と思われる)発行

『邦楽百科辞典』１０２２ページからの復刻。弥一郎の嗣子で、日本の伝統音楽、美術の保護者であった吉田幸三郎（明治二十年〜昭和五十五年）の事跡を略述している〉

その直径一〇センチほどの丸い銅柱に清潔な宋朝体で縦書き半周して刻まれた復刻によると、幸三郎は坪内逍遥に学び、河竹繁俊、松井須磨子らと同期で、莫大な私財を音楽・美術に陰の力として投じ、国に働きかけて伝統音楽や文楽の保護養成につとめ、美術では国宝調査員として全国を回り、〈大和絵同好会〉を設立して美術書を出版。小林古径、安田靫彦の友人であり妹婿に速水御舟、などと記される。

吉田翁碑。右端に銅柱

そこに住む信三、義春は、裕福なる者の芸術へのパトロン活動に感化されたと思う。資生堂のデザイナーだった私は義春さんには大きな影響を受けた。すなわちデザインの根本、大衆に美をもって訴えるとき、大衆に迎合したものは見透かされ、高みを提示してこそ憧れという共感を得られるのだと。

二十年勤めて独立のため退社を決意し、最後の宣伝部会で挨拶をすませた私は、一介の平社員のすることではないが、秘書室を通じて福原社長に挨拶したいと申し出ていた。しばらく待って社長室に招かれ、まず頭を下げ用意の挨拶を始めた。

「本日をもって退社いたします、ながい間お世話に……」

そこで胸がつまり一切の言葉が出ず、不覚にも目頭が熱くなってきた。およそ二分か、次の言葉を待ってじっと黙っていた福原さんは「活躍を期待します」と言葉をくださり、私は何も言えぬまま退室した。

資生堂社長として企業の社会貢献を目指す企業メセナを主唱し、数々の著作のある読書家、また洋蘭の研究と写真などで知られながら、方向を見失っていた「東京都写真美術館」に請われて館長を引き受けたのは、写真芸術に尽くした伯父・信三への回答か。私が資生堂を離れた後年、お呼びがかかり、指定の喫茶店にうかがうと同行秘書もない単身で、「ポスターのデザインをお願いします、ただしデザイン料はありません」というものように率直に言い終え、すぐ席を立たれた。

ボランティアであればこそ、担当者ではなく自らが出向いて依頼する。またかつての部下に「太田君、やってよ」ではない丁寧な口調に、紳士とはこういうものかと私は感激して制作に入った。

単なる名誉館長ではない使命感ある改革に入場者数は飛躍的に増え、館のあるべき姿の安定をみるや身を引かれた。資生堂時代のデザイン作品をまとめた私の本には巻頭に長文をいただき、お送りするバカな居酒屋本にもいつも筆まめにはがきをくださった。

長者丸には今も立派な邸宅が並ぶ。どこがどなたのお宅かはわからない。夏の緑の自然教育園からの風が気持ちがよい。

＊

コロナ禍に遠くの地への旅はできず、ならばと出かけた近隣散歩は色んなことを思い出させた。久しぶりに居酒屋に入ってみるか。自然教育園向いの少し引っ込んだ場所の「壱」は初めてだ。酒はそうだな、「天吹」のお燗。肴は〈焼き空豆〉がある。この季節が来ていたんだ。

ツイー……

初夏の夕暮れの居酒屋で飲む燗酒、こんなことも忘れていた。仕事場からの夜の帰り道に見ていたここは最近できたと思っていたが十年になるそうだ。

十年か。私はすでに七十代も半ば。ここ数ヶ月の変化のない日々は、自分は何によって生きてきたかを考えさせた。

老残のわが身のごとく焼け焦げた空豆の太った莢を割り開くと、青い豆が艶をおびて並んでいる。薄皮を剝いて口にした大粒から、若々しい緑が香ってきた。

26 馬込文士村の村長——大森

過日見た、尾崎士郎原作の映画「空想部落」は、昭和初年、大森あたりの架空の「牛追村」を舞台に、売れない作家、画家、物書き村長、自称革命家らが気宇壮大に暴れ回る痛快譚で、大正〜昭和初期の自由な文化気風を反映して大変面白く、若き日の新劇人、千田是也、三島雅夫、殿山泰司、信欣三、松本克平、小沢栄（栄太郎）、薄田研二、沢村貞子らが壮観だった。

尾崎士郎は二十五歳の大正十二年、まだ大根畑のあるような荏原郡馬込村に住み始め、その地の経験を題材にした『空想部落』は昭和十一年に朝日新聞連載後、新潮社より出版された。

手元にある昭和三十七年・圭文館版は扉に〈今も僅かに往年の面影をとどめる馬込の一角〉の写真が載り、砂利道に囲まれた文化住宅の植込みに街灯が一本立つのどかな眺めだ。そこに尾崎の文「わが青春の町」が添えられる。

〈考えようによっては、この馬込村こそ、文学における私の青春の発祥地であるといってもいい。私の作品「空想部落」は、この雰囲気の中からひとりでにかたちつくられていった。此処に住んでいた人たちの思い出は、それ自体、一つ一つに深い幻像が濃い影を落としている。私自身の話を一切除外しても、全体の環境が青春の息吹にあふれていた。広津和郎・川端康成・萩原朔太郎・佐藤惣之助・榊山潤・保高徳蔵・松沢太平・今井達夫・宇野千代・藤浦洸・山本周五郎・吉田甲子太郎・青山熊治・衣巻省三・間宮茂輔・久板栄二郎・長谷川春子・北原白秋・室生犀星・佐藤玄々（朝山）、小林古径等々の名前を列挙してくると、霧のふかい谷間の道に、まるで、うすく描きだした墨絵のように、無数の顔が、あとからあとからと思いだされてくる〉

人好きな彼のもとに大勢が連日酒客として出入りする尾崎宅は「馬込放送局」とよばれた。尾崎は登場人物の一人として〈村の出来事が残るところなく彼の書斎に伝達されるとこんどはそれが嘘と誇張にこねかえされてみるみるうちに村中にひろがってゆく〉と書かれる。

村に住みついた文士らはのん気に自由に交流し、酒や議論、麻雀、ダンスに明け暮れ、大正リベラリズムの気風を芸術家という自負で謳歌していた。大森駅の西はいま「馬込文士村」として様々な施設や散策コースが作られているという。

——ならば行ってみねばなるまい。

＊

京浜東北線大森駅西口を出ると、精密な「馬込文士村散策のみち」図がある。住家の名前は私の知るだけでも、和辻哲郎、日夏耿之介、村岡花子、倉田百三、稲垣足穂、宇野千代、尾﨑士郎、子母沢寛、広津柳浪、藤浦洸、石坂洋次郎、吉屋信子、萩原朔太郎、広津和郎、北原白秋、三好達治、川端康成、室生犀星、高見順、牧野信一、山本周五郎、佐多稲子、真船豊、小島政二郎、佐藤惣之助、山本有三、高田保、町田嘉章、立原道造、長谷川幸延、山本太郎、川端茅舍、添田知道と、さながら昭和文学全集。さらに小林古径、川瀬巴水、川端龍子、伊東深水、北園克衛の美術系もいる。

丘と谷が複雑な起伏に富む大根畑と雑木林の地、馬込にやってきた尾﨑士郎・宇野千代夫婦は面倒見がよく、親分肌の士郎の誘いで、関東大震災後、多くの文士に画家も加わって越してくるようになった。これがのちに「馬込文士村」といわれるもとで、互いの家を行き交い、酒を酌み交わしては文学談義に花を咲かせハメを外し、果ては離婚騒動までもち上がる。それは転換期を迎えた時代に次の文学を模索する不安と人間味のある姿だった。

通りをはさんで天祖神社に上る狭い石段の踊り場に原稿用紙を象った「馬込文士村の住人」四十三人の一癖ある顔レリーフが名前入りではまり、回り登る石の急段には往時を描写したテーマ別レリーフが解説つきで続く。

山王周辺の芸術家や文士の社交場であった丘上の望翠楼ホテルの「大森丘の会」には小林古径、川端龍子、日夏耿之介の名が。例の「馬込放送局」も。

新しい風俗のダンスホール、

馬込文士村のレリーフ

洋装のモダンボーイや断髪のモダンガールが現れ、吉屋信子、川端康成夫人川端秀子の名も。麻雀が大流行。麻雀カフェーができ広津和郎も通った一人。

ダンスも盛んになり、衣巻家のアトリエで開かれるダンスパーティーには、萩原朔太郎夫妻や室生犀星、宇野千代、時には川端秀子の姿もあり、蓄音機を脇に肩を抱きあって踊る光景が描かれる。別のレリーフには、三好達治、佐藤惣之助、北原白秋らも。また女性活躍の時代でもあったとして、片山広子、宇野千代、村岡花子、吉屋信子、佐多稲子が丸い火鉢を囲んでこちらに微笑む。

さらに、昭和六年、文士の間で「大森相撲協会」が発足。四股名をつけ番付表を作り、池上本門寺の裏手の庭に土俵をこしらえ相撲大会を開き、まわし姿の面々が土俵で組みあう。

これが馬込文士村か。レリーフは、社交、ダンス、麻雀、相撲と遊んでばかりだが、将来に不安の多い時代に、むきになって遊び急ぐ若さを感じる。この後訪ねた「尾崎士郎記念館」前の解説小年表には、昭和十年ころより、ようやく退廃的な雰囲気が影をひそめ、文士たちも腰を据えて執筆に取り組むようになり、作品が次々に認められると書かれる。

回る石段を上りきった天祖神社境内はかつて遠く房総まで一望でき「笠島夜雨、鮫洲晴嵐、大森暮雪、羽田帰帆、六郷夕照、大井落雁、袖浦秋月、池上晩鐘」の「八景坂」といわれ、長谷川雪旦「江戸名所図会」や歌川広重、川瀬巴水が神社境内からの絵を残した。庭の碑文〈鎌倉のよより明るしのちの月〉〈片明かりひそめる庭の面みれば夜ふけにすみて月はのぼれる〉は月の名所であったのだろう。

＊

少し歩いた「山王会館　馬込文士村資料展示室」は無料で、歴史や作家の紹介が並ぶ。ここもまずは尾﨑士郎だ。大正十二年、士郎・二十五歳は、宇野千代・二十六歳と馬込に越した。作家の地位として尾﨑は宇野に後れをとっていたが、六年後に別居して馬込を離れた昭和八年、三十五歳で「都新聞」に連載を始めた『人生劇場』が二年後に出版され、川端康成の激賞を得て大ベストセラー。昭和十二年には川端『雪国』とともに第三回文芸懇話会賞を受賞した。映画化は昭和十一年、内田吐夢監督で「人生劇場」、昭和十四年、千葉泰樹監督で「空想部落」。以降「人生劇場」は主人公が青成瓢吉から脇役の飛車角や吉良常に移り、映画化の定番となった。村田英雄が歌った「人生劇場」も大ヒット。原作が映画化され歌われてこそ国民作家。尾﨑はその嚆矢といえよう。

自筆原稿「私の文学について」が展示される。

〈批評的用語として成立つ言葉を、作家的用語に置きかへると、まったく意味を失ってしまふ場合が尠からずある。例へば、ロマンチシズムとか、リアリズムとかいふ言葉についても、これを対蹠的な理念として、作品を解説したり批評したりすることは出来るとしても、作家の創作態度のある限定を加へることが出来るであらうか。およそ、いかなる作家といへども、彼自身が、本質的な、ロマンチストであり、あるひはリアリストであることを意識することによって彼の創作衝動に方向をあたへるといふことはあるまい……〉

作家を型にはめて読むことの戒めだろうか。

宇野千代は馬込文士村モダンガールの代表格として話題多く、昭和四年、尾崎と別れ、フランス帰りの画家・東郷青児と同棲して馬込を離れる。写真「台所に立つ馬込時代の宇野千代」は断髪につぶらな瞳、小さな唇が魅力的だ。自筆原稿「貞操の青い荷札」はタイトルがいい。

吉屋信子の写真も断髪にしゃれたセーターで足を投げ出して雑誌を読むモダンガール。色紙〈秋灯下机の上の幾山河〉。自筆原稿「花の詐欺師」もうまいタイトル。

村岡花子の昭和十四年の書斎写真は『赤毛のアン』の翻訳家らしく、本棚には少女人形がいくつも飾られ、黒羽織の着物で姿勢よく執筆机の椅子に座る。

日夏耿之介は山王、望翠楼ホテルの「大森丘の会」の「だべり会」を〈われらの大森グルッペは、文士画家の集合で（中略）音楽家は詩人と伍し、小説家は翻訳家に交わってゐたから、この時代ほど各芸術の相互影響を身を以って試した時期は、前にも後にもなかったと思ふ〉と書いている。

萩原朔太郎が撮影した昭和初期の八景坂、闇坂《くらやみざか》は構図がよく写真の腕をうかがわせる。交流した作家群像は興味ふかく、見てゆく足をながく止めさせた。

会館を出た南馬込は、三差路、五差路が複雑に入り組んで高低をもち、九十九谷の名もかくや。この誰に出会うかわからない迷路的地形が、また文士の感興をそそったと思えた。

戦後の尾﨑士郎は馬込隣りの大森山王に居をかまえた。今は「尾﨑士郎記念館」の庭からガラス戸越しに見える客間は、酒好き、それも人を呼んで飲むのが好きで、大卓の丸盆には徳利と盃に「故山白雲無盡時」の自筆色紙、床の間には一升瓶がずらりと並び、色紙「大悟一番死生の外に立てるや如何　士郎大兄　松太郎」を添える。

額装〈我愛賀茂鶴〉は〈賀茂鶴に親しんで早くも三十餘年が過ぎた　今にして思へば人生の滋味はことごとくこの酒に凝集してゐるがごとくである　美酒は天下に多い　私がひとり賀茂鶴を愛する所以は芳醇に馴れやすきが故ではない　衆と和するもよく　ひとり酌むもよく　しづかに腸に沁みとほる味の豊さは絶妙というも遠く及ばず　枯淡にして素樸　清雅にして豪宕　浩々として魂をゆすぶりうごかすところにある　正に天下第一の酒である　昭和二十九新春題〉。

尾﨑士郎邸の客間

そして広島名酒「大吟醸双鶴賀茂鶴」一本が置かれる。不肖私も酒を愛する文を書くが、これほど構えの大きな文は書けない。

また横綱審議委員もつとめた相撲好き。稽古場の双葉山との写真や、文士仲間との土俵まわし姿（山本周五郎、中村武羅夫がいる）。今もある庭のケヤキ大木に鉄砲稽古。東京オリンピック聖火台前で聖火をかかげるランナー姿。若き日の長嶋茂雄を家に迎えた写真。愛読者だった俳優・宇津井健に請われて仲人も。

人、酒、相撲を愛した馬込村文士のまさに総領村長だった。

＊

大森駅東口の居酒屋「吟吟」に久しぶりに入った。杉玉（酒林）をいくつも下げ、品書き表紙に「国酒専門　ニッポンこだわりの美酒を集めました」と大書した力の入れようは変わらない。数多い酒の中に「賀茂鶴」はないが、私の故郷信州の「幻舞」がある。この酒はうまい。

ツイー……。

昭和前期、大森馬込に集まってきた若い文士や画家は、不安がしのびよる時代に、高邁な芸術論、麻雀、ダンスに明け暮れ、やがて自らの方向を見出して散っていった。私も今や老境、若いあの頃がその後の自分の人生に大切な意味を持った感慨がある。

もう一杯飲むかと手にした酒品書きに「人生も地酒も一期一会」とある。今飲んだのは「幻舞」。その名は、今日歩いて数々の作家の生き方を知った馬込文士村の総括にふさわしかった。

あとがき

「本の雑誌」二〇一八年一月〜十二月号、「青春と読書」二〇一九年八月〜二〇二〇年十一月号に連載したものに大幅に手を加えて、この一冊になった。

路傍の碑文は、そこに永久に残るという自覚により、文章は簡潔にして隙がなく、これだけは知ってほしいという緊張が石碑を堂々たるものにしていた。

またその彫り文字の美しさ。私の職業はグラフィックデザイナーで、文字を主役にしたタイポグラフィデザインを得意とした。文字表現は紙を媒体に活字、筆字などあるが、石を媒体とする碑は、これほど時間をかけて一文字を作り出す作業はないと思われ、特に漢字はその美しさが最も表れ、個性を超えた「端正」が永遠を志向し、末尾には彫り師の名が小さく誇らしげに刻まれていた。

しかし転記が一仕事。石碑の小さな彫り文字は摩滅もあって写真には写らず、一字一句目を凝らして書き取ってゆくのは一作業。戦前の難読旧漢字はとりあえず精密に書き写し、亡父の使っていた厚さ一〇センチ、本文およそ三千ページの「大字典」（文学博士・上田万年ほか編）で正確化し、読みや意味を調べた。

書き終えた入稿原稿は名だたる新潮社校閲部に見てもらえる安心感があり、苦労をおかけしたが、碑文ばかりは現地に行かなければ確認できない。残っているかも知れない誤記はすべて著者の因による。

連載半ばに出会った神戸文学館は「港都文学」という魅力的なくくりで、在野たらんとする文学者の志をつよく感じさせ、各地から人の往来する神戸という町をよく表し、もともと好きだった町を一層身近にさせた。と言うか、好きだった理由がわかった。

幼少期に木曾馬籠に育った私は、当地出身の島崎藤村と仙台で出会ったのも感慨ふかく、作家がどの地に居たかは大切な要素と思うようになった。

弘前で、永遠の人気作家・太宰治の若き日々や画才を知ったのも、出かけて行けばこその収穫だった。長崎、鳥取など、文学者が故郷を想う文はどれも素直な望郷の念が感じられ、その地に立つ感懐を深めた。

土地で出会った碑文や文学は、酒の味を深くしてくれたのだった。

二〇二四年三月　太田和彦

※本書は２０１８年から２０２０年にかけて「本の雑誌」「青春と読書」に連載したものに大幅に手を加えて再編集した。
本文写真撮影すべて著者。

太田和彦　1946(昭和21)年生まれ。グラフィックデザイナー、作家。東京教育大学卒。資生堂宣伝制作室を経て独立。著書に『超・居酒屋入門』『日本居酒屋遺産』『映画、幸福への招待』など。

Ⓢ新潮新書

1036

大人《おとな》の居酒屋旅《いざかやたび》

著　者　太田和彦《おおたかずひこ》

2024年3月20日　発行

発行者　佐　藤　隆　信

発行所　株式会社 新潮社

〒162-8711　東京都新宿区矢来町71番地
編集部(03)3266-5430　読者係(03)3266-5111
https://www.shinchosha.co.jp
装幀　新潮社装幀室

印刷所　錦明印刷株式会社

製本所　錦明印刷株式会社

ISBN978-4-10-611036-8　C0226

価格はカバーに表示してあります。

新潮新書

594
居酒屋を極める
太田和彦

いい店の探し方から粋な注文の仕方、ひとり飲みのコツや全国の名店・名老舗の物語まで、「孤高の居酒屋評論家」がついに極意を伝授。読めばきっと、今夜は居酒屋に行きたくなる！

987
マイ遍路
札所住職が歩いた四国八十八ヶ所
白川密成

札所の住職が六十八日をかけてじっくりと歩いたお遍路の記録。美しい大自然、幽玄なる寺院、空海の言葉……人々は何を求めて歩くのか——。日本が誇る文化遺産「四国遍路」の世界。

986
ボブ・ディラン
北中正和

その音楽はなぜ多くの人に評価され、影響を与え、カヴァーされ続けるのか。ポピュラー音楽評論の第一人者が、ノーベル賞も受賞した「ロック界最重要アーティスト」の本質に迫る。

979
流山がすごい
大西康之

「母になるなら、流山市。」のキャッチコピーで、6年連続人口増加率全国トップ——。流山市在住30年、気鋭の経済ジャーナリストが、徹底取材でその魅力と秘密に迫る。

950
一汁一菜でよいと至るまで
土井善晴

画期的提案「一汁一菜」に至るまでの、父、土井勝への思い、修業や悩み、出会いと発見——テレビでおなじみの笑顔にこめられた、「人を幸せにする」料理への思いをすべて語り尽くす！